AF495189

GÉOGRAPHIE GÉNÉRALE

DE L'EUROPE

ET DU BASSIN DE LA MÉDITERRANÉE

OUVRAGES DE MM. CORTAMBERT

I. — ENSEIGNEMENT GÉNÉRAL DES DEUX SEXES.

Cours de géographie, avec grav., 1 vol. in-12 (pour l'âge de 13 à 18 ans), cart. 4 »
Petit Cours de géographie, avec vignettes (de 9 à 13 ans). 1 50
Petit Atlas géographique du premier âge, avec texte, in-18 (de 7 à 9 ans). . . . » 80
Petite Géographie illustrée du premier âge, in-18, cart. (de 7 à 12 ans). . . . . . » 80
Petite Géographie illustrée de la France, in-18, cart. (de 7 à 12 ans). . . . . . . » 80
Géographie de la France, pour les aspirantes au certificat d'études. (Voyez au titre II la Géographie de la classe de quatrième et celle de la rhétorique.)
Mœurs et Caractères des peuples (*Europe et Afrique*), in-8, gravures. . . . . 5 »
Mœurs et Caractères des peuples (*Asie, Amérique et Océanie*), in-8, gravures. . 5 »
Voyage pittoresque à travers le monde, in-8, orné de nombreuses illustrations. 5 »
Le Globe illustré. 1 vol. in-4, avec 16 cartes et 130 vignettes (de 10 à 15 ans) . . 4 »
Les trois Règnes de la nature, in-12, avec nombreuses vignettes (de 12 à 18 ans). 1 50

II. — ENSEIGNEMENT SECONDAIRE DES LYCÉES ET DES COLLÈGES.

Notions préliminaires de géographie : Classe préparatoire, 1 vol. in-12. . . . . » 80
Géographie des cinq parties du monde : Classe de huitième, 1 vol. . . . . » 80
Géographie de la France : Classe de septième, 1 vol. 1 20
Géographie de l'Europe : Classe de sixième, 1 vol. 1 50
Géographie gén. de l'Asie, de l'Afrique, de l'Amérique et de l'Océanie : Cl. de cinq. 1 50
Géographie de la France : Classe de quatrième, 1 vol. 1 50
Géographie de l'Europe : Classe de troisième, 1 vol. . . . . 2 »
Description de l'Asie, de l'Afrique, de l'Amérique et de l'Océanie : Cl. de seconde. 3 »
Géographie de la France : Classe de rhétorique, 1 vol. . . . . 3 »
Eléments de géographie générale : Classe de mathématiques préparatoires. . . 1 50
Géographie générale : Classe de mathématiques élémentaires, 1 vol. . . . . 5 »
Atlas spéciaux correspondant à chaque volume de l'Enseignement secondaire.

III. — ENSEIGNEMENT SECONDAIRE SPÉCIAL.

Géographie physique, politique et économique de l'Afrique, de l'Asie, de l'Amérique et de l'Océanie (1re année), 1 vol. 1 50
Atlas correspondant (29 cartes). . . . . 5 »
Étude générale de l'Europe (2e année), 1 vol. in-16. . . . . 2 »
Atlas correspondant (20 cartes). . . . . 4 »
Géographie physique, politique, administrative et commerciale de la France et de ses possessions coloniales (3e année). 1 vol. . . . . 3 »
Atlas correspondant. . . . . » »

IV. — ENSEIGNEMENT SECONDAIRE DES JEUNES FILLES.

Notions élémentaires de géographie générale (1re année), 1 vol. 1 50
Atlas correspondant. 1 vol. (sous presse). . . . . » »
Géographie de l'Europe (2e année), 1 vol. . . . . 2 »
Atlas correspondant. 1 vol. (sous presse). . . . . » »
Géographie de la France et de ses possessions coloniales (3e année), 1 vol. . . . . 3 »
Atlas correspondant. 1 vol. (sous presse). . . . . » »

V. — ENSEIGNEMENT PRIMAIRE DES DEUX SEXES.

Petit Atlas élémentaire de géographie moderne, 22 cartes coloriées, in-4, br. . » 90
Le même, avec la carte du département demandé. 1 15
Le même, accompagné d'un texte explicatif. 1 10
Le même, avec texte explicatif et carte du département demandé. 1 35
Petite Géographie à l'usage des écoles primaires, in-18, cart. avec gravures. . . » 80
Petit Atlas géographique du premier âge, 9 cartes color. avec texte, gr. in-8, cart. » 80
Petite Géographie générale, grand in-18, br. . . . . » 15

Bourloton. — Imprimeries réunies, A, rue Mignon, 2, Paris

COURS COMPLET DE GÉOGRAPHIE

A L'USAGE DES LYCÉES ET DES COLLÈGES

GÉOGRAPHIE GÉNÉRALE

DE

L'EUROPE

ET DU BASSIN DE LA MÉDITERRANÉE

Rédigée conformément aux programmes officiels du 2 août 1880

POUR LA CLASSE DE SIXIÈME

PAR

E. ET R. CORTAMBERT

PARIS
LIBRAIRIE HACHETTE ET Cie
79, BOULEVARD SAINT-GERMAIN, 79
1884

COURS COMPLET DE GÉOGRAPHIE

A L'USAGE DES LYCÉES ET DES COLLÈGES

EUROPE

GÉOGRAPHIE PHYSIQUE GÉNÉRALE

CONFIGURATION, LIMITES ET DIMENSIONS DE L'EUROPE

MERS PRINCIPALES.

L'**Europe**, placée dans le N. O. de l'ancien continent, à l'O. de l'Asie et au N. de l'Afrique, est une grande presqu'île, d'une forme très irrégulière et aux côtes profondément découpées, qui s'allongent du N. E. au S. O., en s'amincissant dans cette dernière direction. Elle tient au reste du continent par deux côtés : à l'E., par le territoire des monts Ourals et du fleuve Oural, situé au N. de la mer Caspienne; au S. E., par l'isthme du Caucase, entre la mer Caspienne et la mer Noire. Elle s'étend du 35ᵉ au 71ᵉ degré, si l'on s'arrête au cap Nord; au 77ᵉ, si l'on y comprend la Nouvelle-Zemble; au 80ᵉ, si l'on y renferme le Spitzberg; entre le 13ᵉ degré de longitude O. et le 63ᵉ degré de longitude E. Cette partie du monde est comprise presque entièrement dans la zone tempérée boréale; une petite portion seulement appartient à la zone glaciale arctique.

L'Océan **glacial arctique**, qui baigne l'Europe à partir du 70ᵉ degré parallèle, subit pendant environ huit mois de l'année une température très rigoureuse. Les glaces l'encombrent. La navigation n'y est vraiment possible qu'à la fin du printemps et en été. Des marins s'y aventurent pour faire la pêche des poissons très abondants dans ces parages, et y poursuivre les baleines, les cachalots, etc.

En Europe, cet océan forme **la mer** de **Kara**, la mer **Blanche** et la mer de **Barents**.

La mer **Blanche**, ainsi nommée à cause des glaces qui la recouvrent une grande partie de l'année, est relativement peu salée. La pêche y est généralement fructueuse. Elle fournit surtout de grandes quantités de harengs. La neige ne fond que très rarement sur les rochers qui la bordent à l'ouest.

L'océan **Atlantique**, qui baigne l'Europe sur une étendue considérable et y apporte les effluves du *Gulf stream* (courant du golfe du Mexique), projette dans notre continent de profondes échancrures, de nombreux enfoncements qui ont certainement contribué au développement et à la grandeur de notre monde.

Il forme la mer **Baltique, le Cattegat**, la mer du **Nord**, la **Manche**, la mer d'**Irlande** et la mer de **France**, appelée aussi golfe de **Gascogne** ou mer de **Biscaye**.

La mer **Baltique** présente elle-même trois enfoncements : les golfes de **Botnie**, de **Finlande** et de **Livonie** ou de **Riga**.

La **Baltique**, presque entièrement enveloppée par la terre, n'a que des marées très faibles. Les vents y sont très irréguliers, très inconstants. La salinité y est peu considérable ; la mer peu profonde. La navigation y est interrompue durant plusieurs mois par l'amoncellement des glaces. On y pêche particulièrement des harengs et des saumons.

Une assez vaste portion du littoral de la Baltique est plate et sablonneuse. Ainsi, au sud, elle présente des lagunes intérieures appelées *Haff* (dans la Baltique prussienne).

La mer du **Nord** est peu profonde. Les rives sont souvent basses et la mer tend à envahir la terre. Aussi a-t-on élevé sur des espaces considérables des **digues** pour arrêter les flots toujours menaçants de l'océan, surtout aux fortes marées. Sur un assez grand nombre de points, les prairies sont à 4 ou 5 mètres au-dessous du niveau de la mer. Les rives de l'Est de la Grande-Bretagne sont presque aussi plates que celles du Nord de l'Allemagne et de la Hollande. Quant aux côtes de la Norvège, elles se découpent souvent à pic et pré-

Falaises de la Manche.

sentent des enfoncements allongés qui ont reçu le nom de *fiords*. Ces enfoncements sont extrêmement favorables au développement de l'esprit maritime des Norvégiens.

La mer du Nord forme, entre autres golfes, le *Zuider-zée*.

Au S. O. de la Grande-Bretagne se trouve le golfe qu'on appelle **Canal de Bristol**.

La **Manche**, dont le nom signifie vaste détroit, communique avec la mer du Nord par le *Pas-de-Calais*. Sa profondeur moyenne est de 30 à 50 mètres. On peut se faire une idée assez précise du peu d'élévation de cette couche d'eau en se reportant à la hauteur de nos cathédrales; ainsi, Notre-Dame de Paris dépasserait la surface de la Manche. Comme la mer du Nord, la Manche n'a pas à redouter l'arrivée des bancs de glaces; les courants de l'Ouest, qui proviennent du *gulf-stream* en adoucissent la température, mais la mer y est souvent très houleuse, surtout en s'approchant du Pas-de-Calais. La pêche y est très abondante.

La **mer de France**, qui, dans sa partie méridionale, porte plus spécialement le nom de *Golfe de Gascogne* est beaucoup plus profonde que les mers précédentes : la baie de *Biscaye* commence à l'Adour et s'étend au Nord de l'Espagne.

La **Méditerranée** (mer *Intérieure* des anciens), qui a 3300 kilomètres de longueur, depuis le détroit de Gibraltar jusqu'aux Dardanelles, et qui, dans sa plus grande largeur est de 1000 kilomètres, se divise en deux bassins sous-marins. Le premier, le *bassin occidental*, s'étend jusqu'au resserrement formé par la Sicile et la Tunisie ; le second, le *bassin oriental*, se prolonge jusqu'aux dernières limites de la Méditerranée à l'est[1].

La Méditerranée n'a pas, à proprement parler, de marées, par le fait du rétrécissement du détroit de Gibraltar, mais on constate néanmoins chaque jour un léger mouvement qui y correspond, et plusieurs golfes ou détroits subissent de véritables marées. Par suite de la grande évaporation due à

1. La profondeur moyenne du premier de ces deux bassins est de 2700 mètres; celle du second, de 3500 mètres.

la chaleur solaire, la Méditerranée est plus salée que l'Atlantique.

La Méditerranée comprend la mer **Tyrrhénienne** (des Tyrrhéniens ou Étrusques); la mer **Adriatique** (de la ville d'*Adria*); la mer **Ionienne, l'Archipel,** (anciennement mer *Égée*); la mer de **Marmara** (anciennement *Propontide*); la mer **Noire** (anciennement *Pont-Euxin* ou Hospitalière), et la mer d'**Azov** (anciennement *Méotide*).

Dans la Méditerranée propre, on distingue le golfe du **Lion** et de **Gênes**.

L'Adriatique, appelée quelquefois aussi golfe de Venise, n'a pas moins de 825 kilomètres de longueur. Sa profondeur est très inégale : médiocre à l'approche des plages et des lagunes, elle devient ailleurs assez considérable. La sonde, dans le détroit d'Otrante, accuse 5 à 600 mètres. Le mouvement de flux et de reflux de l'Adriatique est très faible, néanmoins, à Venise, les marées montent à près d'un mètre.

La mer **Ionienne** forme les golfes de *Tarente* et de *Lépante*.

L'**Archipel** fut appelée mer Égée pendant fort longtemps et ne reçut son second nom qu'au moyen âge. Archipel veut dire *grande mer*, *mer principale*. Cette mer se trouvant remplie d'îles, le nom d'Archipel a été ensuite donné, par imitation, aux groupes, aux réunions d'îles. La profondeur de l'Archipel est sur plusieurs points assez considérable. Plusieurs des îles qui en émergent sont d'origine volcanique.

L'Archipel forme entre autres le golfe de *Salonique*.

La petite mer de **Marmara**, qui sert, pour ainsi dire, de trait d'union entre l'Archipel et la mer Noire, tire son nom de l'île du marbre. Elle sépare le monde asiatique du monde européen.

Le courant qui s'établit de la mer Noire à la mer de Marmara par le Bosphore ou détroit de Constantinople est fort rapide; sa vitesse est d'environ 5000 mètres à l'heure.

La mer **Noire** a été probablement appelée ainsi à cause des brouillards qui la couvrent et qui assombrissent ses eaux. Dans la portion intérieure de cette mer, la sonde plonge jusqu'à 2000 mètres. Ce bassin presque fermé recevant l'apport de grands cours d'eau, sa salinité est plus faible que celle de la Méditerranée. De violentes tempêtes s'y déchaînent parfois, surtout par les vents du nord.

La **Caspienne** (*caspium mare*), appelée *Denghiz* par les Turcomans, c'est-à-dire la mer, est entourée de terres de tous côtés. Ses rivages septentrionaux sont froids, uniformes, arides, tandis que le littoral du sud est riche, couvert de végétation et généralement chaud. Cette mer renferme moins de sel marin que l'Océan et la Méditerranée. Son niveau est de 26 mètres au-dessous de celui de la mer Noire.

PRINCIPAUX DÉTROITS.

La mer de Kara communique avec la mer de Barents par le détroit de *Vaigatch*, par le détroit de *Kara*, et par celui de *Matotchkin*.

On passe de la mer Baltique au Cattégat par les détroits du *Sund*, du grand *Belt* et du petit *Belt*, et du *Cattégat* dans la mer du Nord par le large détroit de *Skager-Rack*.

On se rend de la mer du Nord dans la Manche, par le *Pas-de-Calais*, nommé canal de *Douvres* par les Anglais, et qui n'a que 31 kilomètres dans sa partie la plus resserrée.

La mer d'Irlande communique avec l'océan Atlantique par le canal du *Nord* et le canal *Saint-George*.

On entre de l'Atlantique dans la Méditerranée par le détroit de **Gibraltar** (ancien détroit d'Hercule), qui a 13 kil. de largeur dans sa partie la plus resserrée et environ 300 mètres de profondeur. Un courant constant, de surface, va de l'Atlantique à la Méditerranée, mais il existe un autre courant sous-marin déversant les eaux de la Méditerranée dans l'Océan.

Le nom de Gibraltar vient de *Djebel-al-Tarik* (rocher de Tarik), en souvenir du guerrier berbère Tarik qui franchit le premier le détroit en 711 et gravit l'escarpement où se trouve aujourd'hui Gibraltar. On sait que l'on appelle colonnes d'Hercule les deux rochers qui se trouvent à l'entrée du détroit.

La mer Tyrrhénienne est unie à la mer Ionienne par le détroit nommé *Phare de Messine*.

On passe de la mer Adriatique dans la mer Ionienne par le canal d'*Otrante;* de l'Archipel dans la mer de Marmara, par le détroit des *Dardanelles* (anciennement Hellespont); de la mer de Marmara dans la mer Noire, par le canal de *Constantinople* (anciennement Bosphore de Thrace); et de la mer Noire dans la mer d'Azov, par le détroit d'*Ienikalé* ou de *Kertch* (anciennement Bosphore Cimmérien).

Les nombreux bras de mer qui s'enfoncent profondément dans les terres sont un des grands avantages de notre partie du monde; en y répandant une température plus égale et plus douce, en invitant les populations à communiquer entre elles par la navigation, par un commerce actif, ils ont puissamment contribué à placer l'Europe à la tête de la civilisation du globe.

PRESQU'ÎLES, ISTHMES, ÎLES ET CAPS.

Les côtes de l'Europe sont très irrégulières, et forment beaucoup de presqu'îles.

Au N., on remarque la péninsule **Scandinave** et la péninsule **Cimbrique,** qui s'avancent l'une en face de l'autre, à l'O. de la mer Baltique. La première, qui est la plus grande presqu'île d'Europe, et dont les côtes occidentales sont découpées par d'innombrables *fiords* (étroits golfes), est jointe au continent vers le N. E. par l'isthme de **Laponie,** et la seconde s'y rattache au S. par l'isthme de **Holstein.** Le N. de la péninsule Cimbrique forme la presqu'île de **Jutland.**

A l'extrémité S. O. de l'Europe, est la péninsule **Hispanique,** unie au continent par l'isthme des **Pyrénées.**

Au S., on voit la presqu'île de l'**Italie,** qui a grossièrement la forme d'une botte, et qui se termine par les presqu'îles de *Calabre* et d'*Otrante*.

On remarque encore au S. la grande péninsule des **Bal-**

kans ou **Turco-Hellénique**, dont la partie méridionale forme la presqu'île de **Morée** (anciennement *Péloponnèse*), unie au continent par l'isthme de **Corinthe**, qui n'a environ que 5 kil. de largeur et qui sera prochainement coupé par un canal.

Entre la mer d'Azov et la mer Noire, est la presqu'île de **Crimée** (anc. *Chersonèse Taurique*), jointe au continent par l'isthme de **Pérékop**.

Dans l'océan Glacial, au N. E., on voit la **Nouvelle-Zemble**, c'est-à-dire, en russe, *Nouvelle Terre*, contrée peu connue, froide et inhabitée, composée de deux îles. — Loin, au N. de la Nouvelle-Zemble, on vient de découvrir un archipel glacé qu'on a appelé *Terre de François-Joseph*.

Sur la côte N. O. de la péninsule **Scandinave**, on rencontre les îles **Lofoden**, fort nombreuses et très fréquentées par les pêcheurs.

Loin au N. de la même péninsule, est l'archipel glacé du **Spitzberg**, qu'on rattache presque indifféremment à l'Europe et à l'Amérique. Découvertes au seizième siècle, ces îles, hérissées de montagnes pointues, de rochers et de glaciers, ne sont pas encore entièrement explorées, malgré les voyages récents de Torell, de Nordenskiœld, etc.

Dans le N. O. de l'Europe, sont les **îles Britanniques**, dont la principale est la **Grande-Bretagne**, l'île la plus considérable de cette partie du monde, et qui s'étend du N. au S., l'espace de 900 kilomètres ; là aussi est l'**Irlande** (450 kil. de longueur), seconde île de l'Europe pour l'importance.

Le groupes des **Hébrides**, des **Orcades** et des **Shetland**, au N. de la Grande-Bretagne ; les îles de **Man** et d'**Anglesey**, à l'O. ; l'île de **Wight**, au S., font aussi partie des îles *Britanniques*, dont les îles **Anglo-Normandes** (*Jersey*, *Guernesey*, etc.), dans la Manche, sont une dépendance politique, quoiqu'elles soient physiquement françaises.

Loin au N. O., on voit les îles **Færœer**, et enfin l'**Islande**, grande île très froide et volcanique, plus voisine de l'Amérique que de l'Europe, et qu'il convient de rattacher aux terres américaines.

Isthme de Corinthe.

Entre le Cattégat et la mer Baltique, se trouvent les îles **Danoises**, dont les principales sont *Seeland* et *Fionie*.

Dans l'intérieur de la Baltique, sont les îles d'*Œland* et de **Gottland**, près de la péninsule Scandinave ; les archipels d'**Aland** et d'**Abo**, à l'entrée du golfe de Botnie ; l'île de *Dago* et l'île d'*Œsel*, à l'E., et celle de *Rügen*, au S.

Dans la Méditerranée, on remarque, à l'E. de la péninsule Hispanique, les îles **Baléares** (*Majorque*, *Minorque* et *Ivice*), fertiles en bons fruits.

Près de l'Italie, sont les grandes îles de **Sicile**, d'une forme triangulaire ; de **Sardaigne** et de **Corse**, qui s'allongent du N. au S. ; les îles **Lipari**, groupe volcanique ; l'île d'**Elbe**, et celle de **Malte**, placée avantageusement dans la partie la plus centrale de la Méditerranée.

Sur la côte N. E. de la mer Adriatique, est l'archipel **Dalmate Illyrien**, comprenant les îles *Veglia*, *Cherso*, *Pago*, *Brazza*, *Curzola*, etc.

Près de la péninsule Turco-Hellénique, on remarque beaucoup d'îles, dont les principales sont, à l'O., les îles **Ioniennes** (*Corfou*, *Sainte-Maure*, *Théaki* ou *Ithaque*, *Céphalonie*, *Zante*) ; — à l'E., dans l'Archipel, celle de **Négrepont** ou **Eubée** ; — les **Cyclades** (*Naxos*, *Paros*, etc.) ; — *Lemnos*, *Imbros*, *Samothrace* et *Thasos* ; — au S., **Candie** (anciennement *Crète*), la terre la plus méridionale de l'Europe.

Le cap le plus septentrional de l'Europe continentale est le **Nordkyn**, dans la péninsule Scandinave ; mais, plus au N., dans l'île **Magerö**, on voit le cap **Nord**. Les points extrêmes de la Nouvelle-Zemble, de la Terre de François-Joseph et du Spitzberg, sont beaucoup plus septentrionaux encore.

A l'extrémité S. O. de la Grande-Bretagne, on remarque le cap **Land's End** ou *Finisterre*.

La pointe de **Corsen** termine la France à l'O., et se trouve dans le *Finisterre* français.

A l'extrémité N. O., de la péninsule Hispanique, est un cap qu'on nomme aussi **Finisterre**.

Vers l'extrémité S. O. de la même péninsule, on rencontre

le cap **Saint-Vincent**, et, à son extrémité S., la pointe de *Tarifa*, qui est le point le plus méridional de l'Europe continentale.

A l'extrémité S. de la Morée, se trouve le cap **Matapan**.

ÉTENDUE DE L'EUROPE.

La longueur de l'Europe, du N. E. au S. O., depuis l'embouchure de la rivière *Kara*, dans la mer de ce nom, jusqu'au cap *Saint-Vincent*, est de 5400 kilomètres ; du N. au S., depuis le cap *Nord* jusqu'au cap *Matapan*, on compte 4000 kilomètres. La superficie est d'environ 10 200 000 kilomètres carrés. C'est la moins étendue des parties du monde.

RELIEF DU SOL

Chaînes de montagnes. — Observations générales. — De grandes et hautes chaînes de montagnes, des plateaux élevés, des côtes escarpées, se montrent dans le midi de l'Europe ; tandis que les parties septentrionales s'étendent en vastes plaines, qui se prolongent sous des mers peu profondes, comme la Baltique et la mer du Nord. Les plaines se continuent dans l'est, en Pologne et en Russie, et s'abaissent surtout vers la mer Caspienne, où elles sont de 25 à 30 mètres au-dessous de l'Océan. Avec cette région, le sol le plus déprimé de l'Europe est celui des Pays-Bas, qui, souvent au-dessous de la mer du Nord, n'est garanti contre les inondations de cette mer que par les digues que leur opposent les hommes et par les dunes qu'a élevées la nature. Il y a encore de grandes plaines très basses au N. O. de la mer Adriatique, en Vénétie et en Lombardie.

Il faut remarquer, en outre, que, dans les chaînes de montagnes dont le sud est couvert si généralement, les flancs méridionaux sont bien plus abrupts et plus courts que ceux du Nord, terminés ordinairement par des pentes douces, par des rameaux qui s'allongent vers les plaines en collines progressivement insensibles : les versants du sud sont, en même temps, dénudés et ravinés ; ceux du nord, boisés, cultivés et peu ravagés par les eaux.

L'Europe n'a plus de volcans actifs que dans le sud. Le *Vésuve*, sur la côte occidentale de la péninsule d'Italie ; — l'*Etna*, en Sicile ; — le *Stromboli*, dans une des îles Lipari, ont de fréquentes éruptions.

L'Archipel est le foyer de mouvements volcaniques remarquables : souvent, et tout récemment encore, près de *Santorin*, des îlots s'y sont soulevés par l'effet de feux souterrains. En général, toute la région méditerranéenne est le centre d'une action puissante de la chaleur intérieure du sol, et les tremblements de terre y sont fréquents.

Les volcans éteints sont nombreux dans plusieurs parties de l'Europe (dans la France centrale, dans l'O. de l'Allemagne, etc.).

De toutes les montagnes d'Europe, les **Alpes**[1] sont les plus importantes ; elles sont comme le noyau de cette contrée, dans la partie centro-méridionale de laquelle elles s'étendent, en formant un arc immense, dont la convexité est tournée vers le nord. La chaîne principale est accompagnée de nombreuses branches, dont chacune a encore d'innombrables rameaux. Cette chaîne, dans sa situation générale, enveloppe au N. l'Italie et le bassin de la mer Adriatique. Elle commence dans le N. O. de l'Italie, au col d'Altare ou de Cadibone, où se terminent les Apennins ; se dirige d'abord au N. O., puis au N., sur la frontière de l'Italie et de la France, jusqu'au mont Blanc ; ensuite à l'E., jusqu'au pic des Trois-Seigneurs, se trouvant tantôt entre l'Italie et la Suisse, tantôt dans la Suisse même, tantôt dans l'empire Austro-Hongrois ; enfin elle va au S. E. à travers cet empire et la Turquie, jusqu'au Tchar-dagh. Son développement, du col

1. Voyez dans l'Atlas les cartes de détail : Suisse, France, Italie, Allemagne, Autriche-Hongrie, Turquie, La distribution des diverses parties des Alpes est spécialement indiquée sur la carte physique de l'Allemagne.

d'Altare au Tchar-dagh, est de 1800 kil. La latitude moyenne est au 46e degré.

On appelle **Alpes Occidentales** la partie de la chaîne qui est renfermée entre le col d'Altare et le mont Blanc; — **Alpes Centrales**, la partie qui s'étend du mont Blanc au pic des Trois-Seigneurs; — **Alpes Orientales**, la partie comprise entre ce dernier pic et le Tchar-dagh.

Le Saint-Gothard et le groupe de **l'Adula** qui en est une dépendance, sont le point le plus central et le plus remarquable des Alpes. C'est de là que se détachent le plus de branches, et que les eaux se rendent dans les directions les plus diverses: à l'O., dans la Méditerranée proprement dite, par le Rhône; au S., dans l'Adriatique, par le Tessin; au N., dans la mer du Nord, par le Rhin, la Reuss et l'Aar; à l'E., dans la mer Noire, par l'Inn (qui ne naît pas, il est vrai, dans ce groupe même, mais à très peu de distance).

Sur une assez grande étendue, les Alpes font partie de l'arête européenne du partage des eaux entre le versant de l'Océan et celui de la Méditerranée.

Les grands cours d'eau qui descendent de ces montagnes sont: sur le versant océanique, le Rhin, l'Aar; — sur le versant méditerranéen, le Rhône, le Pô, l'Adige et de grands affluents de droite du Danube, l'Isar, l'Inn, la Drave, la Save.

De nombreux et beaux lacs sont formés au pied des Alpes: lac de Genève, dans le cours du Rhône; lac de Constance, dans le cours du Rhin; lacs Majeur, de Lugano, de Côme, de Garde, dans le bassin du Pô.

Le plus haut sommet des Alpes est le mont **Blanc** (4810 m.) qui n'est dépassé en Europe que par le Caucase. Deux grands glaciers s'ouvrent sur ses rampes: la *mer de glaces* et le glacier des *Bossons*. Ces bancs de glace avancent toujours et régulièrement, dans le sens de leur pente; ils se portent ainsi beaucoup au-dessous de la limite des neiges éternelles. La première ascension du mont Blanc remonte à 1786; elle fut exécutée par le guide Jacques Balmat et le docteur Paccard. L'année suivante, le naturaliste de Saussure atteignait le sommet de la montagne et y faisait d'importantes observations. Depuis cette époque, les excursions se sont multipliées: l'une des plus remarquables au point de vue des résultats scientifiques, fut celle de MM. Martins, Bravais et Le Pileur, en 1844. Chaque année, des touristes entreprennent cette excursion qui exige en général deux journées. Le premier jour, on va coucher aux Grands-Mulets; le second, on monte au sommet et l'on retourne à Chamonix.

Le second pic des Alpes est le mont *Rose* (4636 m.). — Le naturaliste de Saussure fut le premier qui en fit une étude sérieuse.

Les points dominants sont ensuite : le **Finster-Aarhorn** (4275 mètres), le **Mœnch** (4100 mètres), la **Jungfrau** (4170 mètres), le pic des **Écrins** (4103 mètres), le **Cervin** (4500 mètres), dont l'ascension est très périlleuse, l'**Ortler** (3900 mètres), le **Grand-Pelvoux** (3938 mètres), le **Gross-Glockner** (3800 mètres).

Des cols célèbres par le passage des armées ou par les routes commerciales qu'on y a établies coupent les Alpes sur un grand nombre de points. Voyons d'abord ceux de la chaîne principale :

Après le col d'Altare ou de Cadibone, qui sépare cette chaîne des Apennins, on remarque, en commençant par le S., en Italie, le col de *Tende ;* — entre la France et l'Italie, le col d'*Argentière* ou de la *Madeleine*, le col d'*Agnello*, le col du mont *Genèvre*, le col de *Fréjus*, près du tunnel du chemin de fer qui réunit la France à l'Italie ; la longueur du tunnel, dit du mont Cenis, est de 12200 mètres. Commencé en 1860, il a été inauguré en 1871. Il passe en réalité plus près du mont Tabor que du mont *Cenis*, où Napoléon Ier fit faire une belle route qui a été longtemps la principale communication entre la France et l'Italie, mais qui est aujourd'hui délaissée depuis l'établissement de la voie ferrée; on voit ensuite le col du *Petit-Saint-Bernard;* — entre la Suisse et la France, le col de *Balme* et celui de la *Tête-Noire ;* — dans l'intérieur de la Suisse, le col de la *Furca*, le col du *Grimsel ;* le col de la *Gemmi* et le col du *Brunig ;* — entre la Suisse et l'Italie ou près de la frontière de ces pays, le col du *Grand-Saint-Bernard*, célèbre par son hospice et par le passage de l'ar-

Le mont Blanc.

mée française sous Bonaparte, en 1800; le col de *Saint-Théodule*, près du mont Rose ; le col du *Simplon*, fameux par une belle route construite sous le gouvernement français et où on a le projet de faire passer un chemin de fer; le col du *Saint-Gothard*, où l'on vient de percer un tunnel de chemin de fer; le col du *Bernardino;* le col du *Splugen;* le col de la *Maloïa;* — entre l'Autriche-Hongrie et l'Italie ou près de leurs frontières, le col du *Stelvio* (en allemand *Stilfs;* le col du *Brenner*, où passe un chemin de fer; le col de *Tarvis;* — dans l'intérieur de l'Autriche-Hongrie, le col de *Neumarkt*, le col de *Semering*, passage de chemin de fer.

Les Alpes sont célèbres par la variété de leurs sites et par leurs paysages pittoresques et grandioses.

Les masses de neige et de glace et les hauts rochers qui les surmontent présentent les formes les plus imposantes: d'innombrables ruisseaux s'élancent de leur sein en écumant ou en formant des cascades. Mille autres curieux accidents de la nature y attirent les voyageurs; mais souvent aussi de grands dangers les y menacent: ce sont tantôt de profonds précipices, tantôt des éboulements qui changent subitement une contrée riante en un chaos où sont ensevelis pêle-mêle les hommes, les troupeaux et les habitations; quelquefois ce sont des débordements furieux de torrents, dont le lit a été tout à coup interrompu par des matières tombées du haut des montagnes; souvent enfin des avalanches, formées par les monceaux de neige qui se détachent des hauteurs et se précipitent au fond des vallées avec une impétuosité et un bruit effroyables.

Pour se garantir de ce redoutable fléau, on a construit beaucoup de voûtes maçonnées, et l'on a pratiqué dans le roc un grand nombre de cavités, où l'on peut se réfugier si l'on voit descendre une avalanche.

La chaleur du soleil, en été, fait fondre la surface des amas de neige qui couvrent les cimes les plus élevées, et cette neige fondue se transforme en glace: c'est ce qui produit les glaciers.

Ceux-ci se fendent quelquefois avec un craquement qui se

fait entendre au loin ; la partie supérieure, pesant sur les masses inférieures, les pousse et les force à descendre ; cette descente, qui amène les glaciers jusque dans des vallées tempérées et fertiles, est de 4 à 8 mètres par an.

Les principaux glaciers des Alpes sont ceux d'Aletsch, du Rhône, du Bernina, du mont Rose, du mont Blanc (Mer de glace, glacier du Géant, glacier des Bossons).

Il y a, sur les flancs des Alpes, d'excellents pâturages, où paissent d'innombrables troupeaux de belles vaches, de bœufs, de moutons et de chèvres.

La faune est très variée : elle offre la belette, la fouine, le putois, le furet, l'écureuil, le lynx ; des espèces très nombreuses de gibier : le lièvre blanc, le hamster, qui donne une jolie fourrure ; différentes martres, assez belles ; la marmotte ; des sangliers et des ours. Le chamois, qui devient chaque jour plus rare, est l'objet des recherches des chasseurs intrépides et des attaques du grand vautour des Alpes ou gypaëte, que les Suisses appellent *læmmergeyer* (vautour des agneaux). Les corbeaux sont nombreux.

Le climat offre des variations infinies : un hiver perpétuel règne au sommet des Alpes ; mais on jouit, surtout dans les vallées qui sont exposées au midi, de la température la plus douce ; et l'on y cultive le tabac, les figues, les amandes, les châtaignes, les olives, la vigne. Il pleut beaucoup dans ces montagnes : il y tombe annuellement, terme moyen, 2 mètres d'eau.

On peut diviser les Alpes en sept régions, sous le rapport de la végétation. La plus basse, ou celle des vignes, commence dans les vallées, au bord des rivières et des lacs, et finit à 560 mètres au-dessus du niveau de la mer. Plus haut, la région des chênes s'élève jusqu'à 935 mètres ; au-dessus de ces arbres, commence la région des hêtres, qui règne encore à 1350 mètres ; celle des sapins lui succède et s'étend jusqu'à 1835 mètres. Là commence la région alpine inférieure : les arbres y font place aux plus riches pâturages ; elle s'élève à 350 mètres au-dessus ; elle est dominée par la région alpine supérieure, qui s'élève à 560 mètres plus haut et qui a aussi des pâturages ; elle conserve pendant toute l'année des amas de neige dans les places abritées du soleil. Enfin, au-dessus de celle-ci, la région des glaciers et des neiges éternelles commence à 2600, 2700, 2800 et même 2900 mètres, suivant les expositions ou la latitude. Ces deux dernières zones ne sont point tout à fait dépourvues de végétation : on y voit des saxifrages, des gentianes et d'autres plantes de climats hyperboréens.

Il s'y trouve des métaux de toute espèce : le fer, le plomb, le cuivre, le zinc, le cobalt, le bismuth, l'arsenic, l'antimoine. Le cristal de roche y est commun; le soufre s'y rencontre souvent, et quelques cours d'eau, comme le Rhin, l'Aar, charrient de l'or.

Il y a beaucoup de sources minérales.

Les **Apennins** [1] sont comme la suite des Alpes. Ils commencent au col d'Altare, courent d'abord à l'E. en traçant un demi-cercle autour du golfe de Gênes, sur lequel ils ont des pentes abruptes, tandis que les pentes du nord sont longues et douces ; ils parcourent l'Italie centrale et méridionale, dans une direction générale du N. O. au S. E., et s'étendent jusqu'à l'extrémité de la Calabre, sur le Phare de Messine, au cap dell' Armi, en face de la Sicile, dont la chaîne principale est, pour ainsi dire, la continuation de la chaîne apennine.

Ces monts sont compris entre le 38e et le 45e degré de latitude N. Ils forment le dos de la péninsule Italique, et séparent le versant de l'Adriatique et de la mer Ionienne de celui de la Méditerranée proprement dite et de la mer Tyrrhénienne. Ils enveloppent au S. les vastes et fertiles plaines du Pô (dans le Piémont, la Lombardie, le Parmesan, le Modenais et la Romagne), et bordent à l'O. celles des Marches, de la Pouille; à l'E. celles de la côte de Toscane et de la Campagne de Rome. La longueur de la chaîne, en général très sinueuse, est de 1600 kilomètres.

Les Apennins sont moins élevés et moins majestueux que les Alpes, et envoient beaucoup moins de branches.

1. Voyez dans l'Atlas la carte de l'Italie.

C'est au milieu de la péninsule que les Apennins occupent le plus de largeur; ils y forment le grand plateau des Abruzzes, au centre duquel est le bassin de l'ancien lac Fucin, desséché depuis peu de temps. Là aussi se rencontrent les plus hauts points de la chaîne : le mont **Corno** ou **Gran-Sasso d'Italia** (2900 mètres), le mont **Amara** (2750 mètres), le pic de **Sevo** (2547 mètres), le mont **Velino** (2505 mètres), le mont *Meta* (2260 mètres). Un peu plus au N., sont les monts de la **Sibylle** (2500 mètres). Le mont *Voltore*, volcan éteint dans la partie méridionale, doit encore être cité.

Les cours d'eau principaux qui descendent de ces montagnes sont : sur le versant oriental, des affluents de la rive droite du Pô, ainsi que de petits tributaires de la mer Adriatique et de la mer Ionienne, et, sur le versant occidental, l'Arno, le Tibre, le Vulturne, tributaires de la Méditerranée proprement dite et de la mer Tyrrhénienne.

De nombreux passages se trouvent dans les Apennins, et d'importantes routes les traversent. La chaîne est longée, en suivant le golfe de Gênes, par le défilé de la *Corniche*, dont une belle route et un chemin de fer parcourent l'étendue considérable. Elle est coupée par le col de la *Bocchetta*, le col de *Pontremoli*, le col de *Pietramala* ou de la *Futa*, près duquel passe un chemin de fer; le col de *Fiorito*, autre passage de chemin de fer. Le fameux défilé des *Fourches Caudines* (aujourd'hui *Forchia Caudina*) est dans un rameau occidental des Apennins.

Il se trouve, dans ces montagnes, surtout au N. O., des marbres magnifiques : ceux de Carrare, de la Bocchetta, de Florence, de Prato, de Sienne, de Porto-Venere, etc. Il y a aussi beaucoup de gypse, accompagné souvent de grands bancs de soufre. L'alun se rencontre sur le territoire romain; le granit compose une partie des Apennins de la Calabre; des roches volcaniques s'offrent sur plusieurs points : au Voltore, dans le voisinage de Naples, sur le territoire romain.

Le **Vésuve**, seul volcan actif aujourd'hui de l'Italie continentale, n'appartient pas aux Apennins mêmes et forme une masse isolée, de 1240 mètres d'altitude, sur la côte occidentale de la presqu'île. La première éruption connue eut lieu en 79 après J. C. On sait que le célèbre naturaliste Pline y trouva la mort, non loin du rivage, en observant le phénomène. Trois villes furent englouties sous les laves ou sous les cendres : Herculanum, Pompeï, Stabies. Les plus importantes éruptions, après celle de 79, ont été celles de 1631, 1794, 1872. Le Vésuve est le principal volcan en activité sur la partie continentale de l'Europe. Le bord du cratère a environ 2 kilomètres de tour, et la profondeur de cet abîme est à peu près de 115 mètres; le fond en est parsemé d'ouvertures par lesquelles sortent les vapeurs et les matières calcinées. Un petit chemin de fer permet aujourd'hui aux touristes de faire sans difficulté l'ascension de la montagne.

D'autres montagnes du même pays lancent des vapeurs sulfureuses qui dénotent leur origine volcanique : telle est la *Solfatare*, près de Pouzzoles. Non loin de là s'est soulevé subitement, en 1558, le *Monte Nuovo*. Il y a dans le Modenais et la Toscane plusieurs collines connues sous le nom de *Salses*, qui projettent des vapeurs aqueuses, du gaz hydrogène.

Dans les îles voisines de l'Italie, à l'O. et au S., l'action des feux inférieurs est manifeste. L'**Etna** ou **Gibello**, est un volcan redoutable de la Sicile, et c'est le plus haut de l'Europe (3300 mètres). Son cratère toujours fumant est entouré de neiges éternelles. Cette bouche a environ 3 kilomètres de circonférence. On distingue, en outre, un assez grand nombre de petits cratères sur les flancs de la montagne. Parmi les grandes éruptions de l'Etna, on remarque celle de 1669 (la plus violente de toutes), 1792, 1805, 1852, 1865 et 1879. La première des éruptions de ce volcan remonte à une date tellement éloignée que l'histoire ne peut l'indiquer, même vaguement.

Le *Maccaluba*, dans la même île, a des éruptions boueuses. Le volcan de **Stromboli**, dans les îles Lipari, projette fréquemment des flammes et des laves; l'île de Vulcano, dans le même groupe, dégage des vapeurs sulfureuses. Les îles d'Ischia, de Procida, de Ponce, sont couvertes de débris

L'Etna.

volcaniques. L'île de Julia s'est soulevée du sein de la mer, vis-à-vis de Sciacca, en 1831 ; mais elle a disparu peu après.

Les Apennins n'atteignent pas les neiges éternelles. Sur les hauts sommets mêmes du plateau des Abruzzes, la neige fond au mois de juin. Mais ces sommets sont nus, décharnés et tristes ; il n'y a pas de prairies dans les vallons qui descendent sur les flancs des parties supérieures de la chaîne : ils ressemblent à de grands ravins dont l'aspect est âpre et sauvage. Les pins, et, un peu plus bas, les hêtres et les chênes, sont les arbres qui s'avancent aux altitudes les plus considérables. Dans les parties basses apparaissent les vignes, les oliviers, les noyers, les cyprès, les arbousiers, les lauriers; enfin les orangers, les citronniers, et, dans les régions les plus méridionales, les caroubiers, les palmiers.

Au **Tchar-dag**, où s'arrêtent les Alpes Orientales, au centre de la péninsule des Balkans, commencent deux chaînes, dont l'une se dirige à l'E. et l'autre au S.[1]. Ces chaînes et leurs ramifications nombreuses s'étalent souvent en larges plateaux, dont le plus remarquable occupe le milieu même de la péninsule; elles s'abaissent quelquefois en terrasses, et sont coupées de ravins et de crevasses.

La première de ces masses montagneuses sépare longtemps les tributaires de la mer Noire (Danube et ses affluents) de ceux de l'Archipel et de la mer de Marmara (bassins du Vardar et de la Maritza), et forme les **Balkans**, dont la partie principale est le *Grand Balkan* (anciennement *Hæmus*). Elle se dirige de l'O. à l'E., en bordant au S. les grandes plaines du Danube inférieur, et se termine sur la mer Noire par le cap Emineh. — Aux Balkans se rattache, au S., le **Despoto-dagh**, l'ancien mont **Rhodope**. — Une autre ramification aboutit au mont **Athos** ou **Monte Santo**, célèbre par ses nombreux couvents grecs. — Au versant N. du Grand Balkan se rattache le **Petit Balkan**, dans l'E. de la Bulgarie, et le **Balkan** de **Serbie**, qui s'avance jusqu'au Danube, en face des **Alpes de Transylvanie**, et qui forme, avec

1. Voyez dans l'Atlas les cartes de la Turquie et de la Grèce.

celles-ci, au passage de ce fleuve, le fameux défilé des **Portes de Fer**.

La chaîne du S. de la péninsule s'élève entre le bassin de l'Archipel et ceux de la mer Adriatique et de la mer Ionienne. On lui donne le nom général de **chaîne Hellénique**. Les principales parties de cette chaîne sont le **Pinde**, jadis consacré aux Muses; le **Guiona**, haut de 2500 mètres, point culminant de la Grèce; le **Vardoussia**, le **Parnasse**, l'**Hélicon**, le **Cithéron**, souvent cités par les anciens poètes. — En Morée, on remarque les montagnes du **Magne** ou de *Pentédactylon* (l'ancien mont *Taygète*), dans la partie de la chaîne qui se termine au cap Matapan.

Parmi les ramifications de la chaîne Hellénique, on distingue : à l'E., le mont **Olympe**, considéré par les anciens poètes comme le séjour des dieux ; le mont **Ossa**, le mont **Pélion**, souvent nommés aussi dans les chants poétiques des Grecs ; l'**Œta** ou *Saromata*, qui forme, avec le golfe de Zeïtoun, le fameux défilé des **Thermopyles** ; les montagnes de l'*Attique*, auxquelles appartient le mont **Hymette**, célèbre par son excellent miel ; — à l'O., les monts de la **Chimère** ou **Acrocérauniens**; le **Ziria** ou **Cyllène**, dans le N. de la Morée ; le mont **Lycée**, dans le S. O. de cette presqu'île.

Dans la partie centrale de la péninsule des Balkans, est le mont **Rilo** (environ 3000 m.), vers le point où le Despoto-dagh se sépare du Grand Balkan. — L'Olympe, la plus haute des montagnes de la partie méridionale, a tout près de 3000 m.

Les plus hauts sommets des montagnes Turco-Grecques atteignent presque la limite des neiges éternelles ; ils sont sans neige quelques jours de l'année seulement.

Sur le versant N. des Balkans, le climat est froid, et les hivers sont rudes. Au S., la température est chaude dans les vallées, où croissent de nombreux et excellents pruniers, les orangers, les grenadiers, les figuiers, les oliviers, la vigne, le maïs, le riz, le blé, le sorgho, le lin, le ricin, le cotonnier, le melon, les pastèques, le tabac, les mûriers propres aux vers à soie; les rosiers, cultivés pour la fabrication de l'eau et de l'huile de rose. Le chêne abonde sur les montagnes de la péninsule; la vallonée et la noix de galle sont deux productions importantes qui en proviennent. Les bois de construction sont admirables.

Parmi les défilés nombreux qui coupent les Balkans, nous remarquons surtout la Porte de Trajan et le Démir-Kapou. Les routes qui traversent ces montagnes sont généralement mal tracées, mal entretenues, bordées d'âpres rochers, de ravins et de lieux déserts.

De tous les défilés qui se rattachent à la chaîne Hellénique, le plus célèbre est celui des Thermopyles, entre le mont Œta et les marais de l'Hellada (Sperkhios), en face de l'île de Négrepont.

Les monts **Carpathes** ou **Krapacks**[1] forment, dans le centre de l'Europe, un vaste arc de cercle dont la convexité est tournée au N. E., et ils appartiennent entièrement à l'empire Austro-Hongrois ou à ses limites; ils enveloppent particulièrement la Hongrie et la Transylvanie. Dans une assez grande étendue, ils font partie de la ligne générale de partage des eaux européennes.

Leur partie méridionale s'appelle spécialement **Alpes de Transylvanie**; elle commence à la Porte de Fer, sur la rive gauche du Danube, et marque la limite entre la Roumanie, d'une part, et la Hongrie et la Transylvanie, de l'autre.

Les plus hauts sommets des Carpathes se trouvent dans le **Tatra**, en Hongrie : les monts **Gerlsdorf** et **Lomnitz**, qui ont de 2700 à 2750 mètres, sont les pics culminants. Les monts *Negoi* et *Bucsecs*, dans les Alpes de Transylvanie, sont presque aussi élevés.

Parmi le grand nombre de cols qui donnent passage à des routes à travers la chaîne carpathienne, un des plus célèbres est le défilé de la *Tour rouge*, où passe la grande route com-

1. Pour ces montagnes et les suivantes, voyez dans l'Atlas les cartes de l'Allemagne et de l'Autriche-Hongrie.

merciale et militaire entre la Transylvanie et la Valachie.

Les Carpathes sont généralement couvertes de forêts, où les sapins et les pins dominent; ces derniers se montrent jusqu'à 1200 et 1400 mètres. Il y a aussi de beaux pâturages, et beaucoup de richesses minérales : l'or, l'argent, le fer, le cuivre, le plomb, le sel gemme. Les loups et les ours sont communs dans ces montagnes.

Aux pieds de la chaîne s'étendent les plaines de la Hongrie, divisées en deux parties : la haute plaine au N., la basse plaine au S., et parcourues par le Danube et ses nombreux affluents : le Gran, la Theiss, etc. A l'O. de ces plaines, s'élève un groupe isolé de collines, le *Bakony*.

Aux Carpathes se joignent les monts **Sudètes**, qui se dirigent du S. E. au N. O.; ils séparent la Moravie de la Silésie autrichienne, et s'avancent dans la Silésie prussienne. Ils font partie de la grande arête européenne du partage des eaux. Leur principal sommet est l'*Altvater* (le Vieux Père), de 1458 mètres.

Quatre chaînes de montagnes qui entourent le plateau de la Bohème font suite, à l'O., aux Sudètes; ce sont :

1° Les monts des **Géants** (**Riesen-Gebirge**), qui courent au N. O., entre les bassins de l'Oder et de l'Elbe, sur la frontière de la Prusse et de la Bohême; leur point culminant est la Schneekoppe (1650 mètres).

2° Les collines de **Moravie** (**Mæhrishes-Gebirge**), très peu élevées, courant du N. E. au S. O., entre la Bohême et la Moravie, et appartenant à la grande arête européenne.

3° Les monts de la **Forêt de Bohême** (**Bœhmer-Wald**), faisant partie aussi de l'arête européenne, et dirigés du S. E. au N. O., entre la Bohême et la Bavière. Ils ont des pentes douces du côté de la première, et des escarpements vers la dernière. En général, ils sont abrupts, coupés de gorges, de crevasses et de marais, couverts de forêts dans leur plus grande étendue, et n'offrent que des communications difficiles. Leur plus haut sommet est le mont *Arber* (1475 m.).

4° L'**Erz-Gebirge** (**montagnes des Mines**), dirigé du S. O. au N. E., entre la Bohême et le royaume de Saxe, et s'avançant jusqu'au défilé de Schandau, que franchit l'Elbe. Il est riche en mines, surtout du côté de la Saxe, où l'on exploite beaucoup d'argent, d'étain, de cobalt, de fer. Du côté de la Bohême, ces montagnes ont des sources minérales célèbres : celles de Franzesbad, de Carlsbad, de Sedlitz, de Pullna, de Tœplitz. Le *Keilberg* (1250 mètres) est le plus haut sommet de l'Erz-Gebirge.

Un amas assez confus et formé de chaînes et de groupes entre-croisés, d'une hauteur médiocre, occupe le centre de l'Allemagne. Le **Fichtel-Gebirge** (**montagnes des Pins**) en est le noyau principal, formant un massif granitique de 1000 mètres d'altitude, dans le N. de la Bavière, entre le bassin de l'Elbe et celui du Danube, par conséquent sur le grand partage des eaux européen. Il renferme des mines de fer et de cuivre.

Les monts de la **Forêt de Franconie** (**Franken-Wald**) se détachent, au N., du Fichtel-Gebirge ; puis viennent les monts de la **Forêt de Thuringe** (**Thüringer-Wald**), qui couvrent de leurs petits massifs pittoresques et boisés les riches duchés de Saxe ; par des collines qui en sont la suite, on arrive au groupe du **Harz**, qui s'élève assez brusquement dans les pays de Hanovre et de Brunswick, et qui a pour point culminant le Brocken, célèbre par les effets météorologiques dont on jouit de son sommet (le *Spectre du Brocken*). Ce groupe possède d'importantes mines de fer, de plomb, d'argent, de cuivre et de zinc, et l'art du mineur y est porté à un remarquable point de perfection. L'Allemagne n'offre plus au N. de ces montagnes que de vastes et très basses plaines.

Le **Rhœn**, le **Spessard**, le **Vogelsberg**, le **Taunus**, le **Westerwald**, le **Winterberg**, le **Teutoburger-Wald** (**Forêt Teutoburgienne**), sont des hauteurs médiocrement élevées, qui se montrent à l'O. du Thüringer-Wald, généralement dans les pays de Hesse, et forment de petits groupes entre le bassin du Weser et celui du Rhin, tantôt basaltiques et abrupts, tantôt agréablement boisés. Les sources minérales abondent dans cette partie de l'Allemagne : eaux de Kissingen, Nauheim, Hombourg, Ems, Nieder-Selters (Seltz), etc.

Enfin, du Fichtel-Gebirge encore se détache, au S. O., le **Jura Franconien** (**Franken Jura**), espèce de plateau suivi du **Jura de Souabe**, qu'on appelle aussi **Rauhe Alp** (**Alpes Rudes**) ou **Alpes de Souabe**. Ces deux massifs appartiennent à la grande arête européenne.

Les montagnes de la **Forêt-Noire** (**Schwarz-Wald**), ainsi nommées de leurs sombres forêts de sapins et de pins, ont aussi d'autres arbres ; dans leurs parties inférieures, elles sont revêtues comme d'un magnifique verger d'arbres fruitiers, au milieu desquels domine le merisier, dont le fruit distillé donne le kirschwasser. Les habitants de ces montagnes emploient avec intelligence leurs bois à la confection de pendules, de boîtes à musique, etc.

La Forêt-Noire couvre une partie considérable du grand-duché de Bade, et forme aussi la limite de cet État du côté du Würtemberg. La partie méridionale appartient à l'arête européenne, entre le Rhin et le Danube, qui y prend sa source; le N. est tout entier dans le bassin du Rhin, dont la Forêt-Noire longe à droite la magnifique plaine.

Le point le plus haut de ces montagnes est le Feldberg (1500 mètres); le passage le plus fameux est le Val d'Enfer (*Hœllenthal Pass*), sur la route de Fribourg en Brisgau à Donaueschingen et Schaffhouse. Des chemins de fer franchissent la chaîne ailleurs.

Les sources minérales de Bade, de Wildbad et quelques autres attirent beaucoup d'étrangers dans ces montagnes. De nombreux petits lacs et marais entrecoupent certaines parties.

Le **Jura** [1] est une remarquable chaîne calcaire, qui se dirige du N. E. au S. O., et se compose de plusieurs massifs parallèles et très réguliers. Sa partie septentrionale est en Suisse, sa partie moyenne est sur la limite de la Suisse et de la France, et sa partie méridionale est entièrement en France. Dans ses deux premières divisions, il sépare le

1. Voyez dans l'Atlas les cartes de la France et de la Suisse.

bassin du Rhin de celui du Rhône; mais, dans le sud, il se trouve complètement dans le bassin du Rhône, et s'avance entre ce fleuve et l'Ain, son affluent, à côté des basses plaines de la Bresse. Les plus hautes sommités du Jura sont le **Crêt de la Neige** (1723 m.), le **Reculet** (1720 m.), le *Colomby* (1691 m.), le **Grand Crédo ou Grand Crêt d'eau** (1624 m.), le *Grand-Colombier* (1584 m.) tous en France. Sur la frontière est la **Dôle**, de 1680 m. A la Suisse seule appartiennent le mont *Tendre*, la *Dent de Vaulion*, le *Chasseron*, le mont *Terrible*.

Le col de la *Faucille*, traversé par la route Saint-Claude à Gex, est le principal défilé du Jura. On remarque aussi le col du *Val Travers* (dans le canton de Neuchâtel), où passe le chemin de fer de Pontarlier à Neuchâtel.

De belles forêts de sapins couvrent une grande partie du Jura; il s'y trouve de bons pâturages, avec des vaches laitières excellentes, et le fromage dit de Gruyère est un des produits importants de ces montagnes. Il y a des mines de fer et des sources salines (à Salins, à Lons-le-Saunier). Plusieurs lacs se trouvent au pied de ces montagnes : lacs de Genève, de Neuchâtel, de Joux, des Rousses et de Saint-Point.

Les **Vosges**[1], séparées du Jura par le col de Valdoye, s'étendent du S. au N.; elles commencent à peu près à la source de la Moselle, séparent cette rivière du Rhin, et s'avancent jusqu'en Allemagne. Elles sont généralement arrondies; voilà pourquoi plusieurs de leurs sommets ont reçu le nom de *Ballons*. Les plus élevés sont le **Ballon de Guebwiller** (1429 mètres), dans la partie de l'Alsace cédée à l'Allemagne, le **Ballon d'Alsace** (1250 mètres), situé à l'extrémité sud de la chaîne, sur la frontière de la France et sur la limite des bassins de la Moselle, de l'Ill (affluent du Rhin) et de la Saône, par conséquent sur la grande arête euro-européenne; **Donon**, au point le plus septentrional des Vosges

1. Voyez dans l'Atlas les cartes de la France, de la Belgique et de l'Allemagne, pour ces montagnes et les suivantes.

de la frontière; puis le mont *Tonnerre* (*Donnersberg*), en Allemagne.

La partie la plus septentrionale des Vosges est désignée sous le nom de *Hardt*.

Le versant oriental de la chaîne est plus abrupt que le versant occidental. De belles forêts de sapins, de merisiers, de chênes, de hêtres, couvrent les Vosges, qui possèdent aussi d'excellents pâturages, particulièrement dans la région élevée qu'on appelle les *Chaumes d'Alsace*. Une foule de rivières et de ruisseaux en descendent, et l'irrigation est parfaitement entendue sur les flancs de ces montagnes. De beaux grès, du porphyre, de la syénite et autres bonnes pierres y sont exploités. Les eaux minérales y sont abondantes : eaux de Bussang, de Soultz, de Niederbronn, etc. Il y a de grands bancs de sel gemme dans la partie occidentale (à Dieuze, à Vic). Les trois lacs de *Gérardmer*, dans le bassin de la Moselle, se trouvent sur le versant O. des Vosges.

Les monts **Faucilles**, très peu élevés, se rattachent aux Vosges, se dirigent de l'E. à l'O., entre la Moselle et la Saône, et contribuent au grand partage des eaux.

Beaucoup de sources minérales les avoisinent : eaux de Plombières, de Contrexéville, de Luxeuil, de Bains, de Bourbonne, etc.

Au N. des monts Faucilles sont les montagnes de l'**Argonne** et les **Ardennes** ; celles-ci sont d'abord en France et en Belgique, où elles s'étalent en plateaux coupés de vallées abruptes. Elles passent ensuite en Allemagne, où elles s'éparpillent à la gauche du Rhin en divers rameaux, dont le plus remarquable est l'**Eifel**, pittoresque massif volcanique.

Ces montagnes sont très peu élevées, mais elles ne manquent pas d'un certain aspect imposant, surtout dans les Ardennes et dans l'Eifel. Des escarpements curieux, des grottes intéressantes, des forêts considérables, les distinguent ; il y a d'importantes carrières d'ardoises, des marbres, des bancs de houille. Leurs pâturages nourrissent de bonnes espèces de moutons et de chevaux.

Le plateau de **Langres**[1], partie de la grande arête européenne, fait la suite S. O. des monts Faucilles, et les unit à la **Côte d'Or**, qui renferme les sources de la Seine et sépare ce fleuve du bassin de la Saône. Cette chaîne doit son nom aux riches vignobles qui en tapissent les pentes orientales inférieures. Ses sommets sont rocheux et nus. Des bois s'étendent sur ses revers occidentaux. Le *Bois Janson*, les monts *Tasselot*, de *Bligny*, de *Malain* (de 5 à 600 mètres), sont les points culminants.

Elle s'arrête au S., à la dépression où passe le canal du Centre. Là commence la longue chaîne des **Cévennes**, qui a un développement de 500 kilomètres, et se termine au col de Naurouze, que franchit le canal du Midi.

Les Cévennes prennent du N. au S. les noms particuliers de montagnes du **Charollais**, du **Beaujolais**, du **Lyonnais**, du **Vivarais**, du **Gévaudan** (ou *Cévennes proprement dites*), de monts **Garrigues**, de monts de l'*Espinouse*, de montagne **Noire**. Les plateaux des *Causses* et du *Larzac* se rattachent à leur versant occidental.

Leurs parties les plus hautes sont les montagnes du **Vivarais** et du **Gévaudan**, qui s'élèvent entre le bassin du Rhône et les sources de la Loire, de l'Allier et du Tarn. Les points culminants sont le **Mézenc** (1774 m.), la **Lozère** (1702 m.), le **Gerbier de Joncs** (1562 m.), l'*Aigoual* (1567 m.). Le mont *Pilat*, le point principal des montagnes du Lyonnais, a 1434 mètres.

Les Cévennes ont beaucoup de bois et de pâturages. Les châtaigniers y forment des forêts. On vante les bœufs du Mézenc et du Charollais, qu'on élève ou sur ces montagnes ou dans les plaines situées à leur base. Des vignobles renommés couvrent leur pied oriental, du côté de la Saône et du Rhône. Des masses basaltiques s'y présentent en plusieurs endroits (au Mézenc, au Gerbier de Joncs, etc.).

On y exploite de riches mines de houille, dans l'Autunois, le Lyonnais, le Gard. On y rencontre les eaux minérales de Saint-Galmier, de Vals, de Neyrac, de Bagnols, etc.

1. Voyez dans l'Atlas les cartes de la France.

Les monts d'**Auvergne** se joignent aux Cévennes par la chaîne de la **Margeride** et occupent le centre de la France, où ils constituent une masse considérable qu'on désigne sous le nom de **massif central de la France**. Ce sont les plus hautes montagnes de l'intérieur de notre pays. Presque toutes de nature volcanique, terminées à leur sommet par des cratères encore évidents, mais éteints, elles sont alignées du S. au N. On désigne généralement leurs sommets sous le nom de *Puys*. Les principaux sont : le mont **Dore**, dont le point culminant est le **Puy de Sancy** (1888 mètres); le **Plomb du Cantal** (1858 m.); le **Puy de Dôme** (1473 m.), qui est dans un rameau un peu écarté de l'arête principale des montagnes d'Auvergne, et avancé entre l'Allier et la Sioule, son affluent : ce rameau est désigné sous le nom de monts *Dômes* ou des *Puys*. Le *Puy de Pariou*, situé près du Puy de Dôme, offre un des cratères les mieux caractérisés. — Les monts d'*Aubrac*, riches en excellents pâturages, sont un autre rameau qui se rattache à la Margeride, au S. O. de laquelle ils se trouvent.

Les mines de plomb et de fer, les carrières de basalte, sont, avec les bestiaux, une des richesses des monts d'Auvergne. On vante les eaux minérales de ces montagnes ou de leur voisinage : eaux du mont Dore, de la Bourboule, de Royat, de Chaudesaigues, de Vichy, de Néris, de Bourbon-l'Archambault.

Les monts du **Limousin** forment la continuation occidentale des monts d'Auvergne. Ils sont beaucoup moins élevés : le puy de *Meymac* (984 mètres) en est le point culminant. Les pâturages, où l'on élève de bonnes races de chevaux et de bœufs, les châtaigniers, les carrières de kaolin, sont parmi les principales richesses de ces montagnes.

Les monts du **Velay**, du **Forez** et de la **Madeleine** forment une chaîne d'origine volcanique qui se détache des Cévennes vers la source de la Loire et se dirige au N. Leur altitude atteint 1634 mètres au mont de *Pierre sur Haute*. De curieux escarpements basaltiques y fixent l'attention du voyageur.

Les monts du **Morvan** se séparent de la Côte-d'Or, et

s'élèvent dans l'O. de la Bourgogne et l'E. du Nivernais. Ils sont peu élevés (1000 mètres), couverts de bois, riches en mines de fer, et nourrissent d'excellents bœufs. Ils marquent la ligne de partage des eaux entre le versant de la Manche et celui de la mer de France (ou golfe de Gascogne). La suite de cette ligne n'est formée que par des collines ou des plateaux (collines du *Nivernais*, de la *Forêt d'Orléans*, plateau de la *Beauce*, collines du *Perche* et de la *Basse-Normandie*), jusqu'à la **chaîne Armoricaine**, élevée de 350 mètres, et comprenant, au bout de la Bretagne, les montagnes d'*Arez*, avec le rameau des montagnes *Noires*.

Les **Pyrénées** [1] courent de l'E. S. E. à l'O. N. O., entre la France et l'Espagne, en laissant cependant à l'Espagne, au N. de leur crête, la vallée d'Aran, et à la France, au S. de cette même crête, la vallée supérieure de la Sègre. Elles s'étendent depuis le cap Cerbère et le cap de Creus, sur la Méditerranée, jusqu'au col de Belate, au S. de la Bidassoa, où commencent les monts Cantabres. Elles offrent une longueur de 450 kilomètres, et forment, dans presque toute leur étendue, la limite entre le versant de l'Atlantique et le versant de la Méditerranée; elles envoient au premier la Garonne, l'Adour; et au second un grand nombre d'affluents de l'Èbre.

La portion la plus avancée des Pyrénées à l'E. se nomme monts **Albères**.

Les plus remarquables des branches qu'elles envoient vers la France sont, en commençant par l'O., les montagnes de la **Basse-Navarre**; les montagnes du **Bigorre**, continuées par les collines de **l'Armagnac**; puis les monts du **Plantaurel** et du **Mirepoix**, à l'E. desquels se trouvent les **Corbières**, entre les bassins de la Tet et de l'Aude. Le **Canigou** est une branche courte, mais très élevée (2785 mètres).

Ce n'est pas sur la ligne même du partage des eaux que sont les plus hauts sommets des Pyrénées, mais un peu au sud de cette ligne. Les trois sommets les plus élevés, tous en

1. Voyez dans l'Atlas les cartes de la France et de l'Espagne.

Espagne, sont le mont **Maladetta** ou **Maudit** (ayant pour point culminant le pic de **Nethou,** haut de 3404 mètres), le pic **Posets** (3367 mètres), et le mont **Perdu** (3351 mètres). — On remarque ensuite, sur le territoire français, le **pic du Midi de Pau** ou d'**Ossau** (2885 mètres), le **pic du Midi de Bagnères ou de Bigorre** (2877 mètres), le **pic de Campbieil** (3175 mètres), le **Turon de Néouvieille** (3056 mètres), le **pic de Carlitte** (2921 mètres) ; — et, sur la frontière, le **Marboré** (3253 mètres), le **mont Vignemale** (3298 mètres).

Les Pyrénées sont généralement plus escarpées du côté de l'Espagne que du côté de la France. Elles offrent des pics coniques, moins élancés que les sommets des Alpes. A leur pied s'étendent de magnifiques vallées, comme celles de Campan, d'Argelès, d'Aure, etc. Elles abondent en points de vue pittoresques, et sont riches en eaux minérales (les deux Bagnères, Barèges, Saint-Sauveur, Cauterets, Eaux-Bonnes, Amélie-les-Bains, etc.) ; en marbres magnifiques (de Campan, de Sarrancolin); en mines de fer, de cuivre, de plomb ; et plusieurs rivières qui en descendent, entre autres l'Ariège et le Salat, roulent des paillettes d'or. Le chêne y monte jusqu'à 1600 mètres; le hêtre jusqu'à 1800; le sapin et l'if, jusqu'à 2000; le pin, un peu au delà de 2300. Les neiges éternelles commencent à 2900 et 3000 mètres.

Les cols ou passages des **Pyrénées** portent généralement les noms de *ports*. Les principaux sont, en commençant par l'ouest : celui de *Belate* (en Espagne), point où les Pyrénées se joignent aux monts Cantabres ; celui de *Saint-Jean Pied-de-Port*, qui se continue par ceux d'*Ibagnetta* et de *Roncevaux*, celui de *Canfranc* ou d'*Urdos*, celui de *Cauterets* ou de la *Peyre;* le port de *Gavarnie*, la *Brèche de Roland* (vers le Marboré); le port d'*Oo* (3000 mètres), le port de *Vénasque;* le port de *la Perche*, le port de *Perthus.*

La péninsule Hispanique [1] est généralement fort montagneuse ; de longues chaînes (en espagnol *sierras*, en portugais *serras*), hautes et escarpées, la parcourent en tous sens.

1. Voyez dans l'Atlas la carte d'Espagne et de Portugal.

D'abord, au N., se montrent les monts **Cantabres**, qui sont comme la continuation occidentale des Pyrénées, et qui courent de l'E. à l'O., depuis le col de Belate jusqu'au cap Finisterre, en longeant la côte méridionale de la mer de Biscaye (mer de France). Ils portent, dans une grande partie, le nom de monts des **Asturies** et de monts de **Galice**, et ont pour points culminants les *Peñas de Europa* (2678 mètres). Les mines de fer et de houille y sont importantes.

D'autres montagnes, appelées quelquefois monts **Ibériques**, se rattachent aux monts Cantabres vers les sources de l'Èbre, et courent du N. au S., en formant la limite des deux grands versants européens. Elles prennent, au N., les noms particuliers de **Sierra de la Demanda** et de **Sierra de Moncayo**; au S., ceux de **Sierra de Albarracin** et de **Sierra de Cuenca**. Le **Moncayo** est la partie la plus élevée (2340 mètres). Le col le plus célèbre est celui de **Pancorbo.**

Elles s'abaissent au S , et font place au plateau de la **Manche** qui continue le partage général des eaux, et qui se joint à la **Sierra Nevada,** la plus haute chaîne de la Péninsule; celle-ci se dirige de l'E. N. E. à l'O.; des hauteurs moins importantes qui la suivent se terminent au promontoire de Gibraltar. Le **pic de Mulahacen** (3554 m.) est le point culminant de la Nevada. Des vallées chaudes et magnifiques s'étendent au pied de ces montagnes couvertes de neige; la vigne, l'olivier, le figuier, le grenadier, l'oranger, le citronnier, la canne à sucre y donnent d'excellents produits. On y trouve de riches mines de cuivre et de plomb.

Les autres chaînes hispaniques courent toutes de l'E. à l'O. Ce sont : 1° Les monts qui comprennent la **Sierra de Guadarrama**, avec le fameux défilé de Somo Sierra, théâtre d'une victoire de Napoléon en 1808; la **Sierra de Gredos** (2660 mètres); la **Sierra de Gata**; la **Serra da Estrella,** la plus haute chaîne du Portugal (2000 mètres) : cette chaîne va se terminer au cap da Roca. — 2° Les monts qui prennent les noms de monts de **Tolède**, de **Sierra de Guadalupe**, de **Serra de San-Mamede**, de **Serra de Monchique**, et se terminent au cap Saint-Vincent. — 3° La **Sierra Morena** (montagne noire), qui s'appelle ainsi à cause des feuillages

Vue prise dans le défilé de Despeñarros, dans la Sierra Morena.

sombres des arbres qui y croissent. Les célèbres mines de mercure d'Almaden s'exploitent à côté de cette chaîne à l'aspect triste et sauvage. On passe la Sierra Morena par le célèbre défilé de *Despeñaperros*.

Le territoire compris entre la Sierra Morena et les monts Cantabres constitue le **plateau de la Castille**, ou le *plateau central de l'Espagne*, d'environ 700 mètres au-dessus de la mer, beaucoup plus froid que la latitude ne le fait d'abord supposer, nu et aride sur plusieurs points, à cause surtout de la destruction des forêts, mais très fertile en blé dans d'autres parties. Les immenses troupeaux de mérinos transhumants (c'est-à-dire passant d'un pays à un autre), ont contribué à la dévastation des cultures de ce plateau.

Dans la partie orientale de l'Europe, le **relief de la Russie**[1] n'offre sur une grande étendue, qu'un vaste plateau très peu élevé, très fertile, et surmonté seulement de petits groupes de hauteurs, dont les plus remarquables sont les monts *Valdaï* (230 m.), sur la ligne de partage des deux versants, aux sources du Volga. Citons aussi les monts *Olonetz* et *Maanselka*, entre la mer Blanche et la Baltique, les collines *Ouvalli* et les plateaux de *Perm-Vologda*, sur l'arête européenne, les monts *Timans* qui vont au N. jusqu'à l'océan Glacial.

Le S. E. de la Russie, dans le bassin de la Caspienne, est une plaine déprimée de plusieurs mètres au-dessous de l'Océan; mais, sur les frontières de l'Europe, il y a des montagnes considérables. Au S. E., entre la mer Noire et la mer Caspienne, s'étend de l'O. N. O. à l'E. S. E. la chaîne du **Caucase**, qui a un développement de 1100 kilomètres, et qui surpasse en hauteur toutes les montagnes européennes. **L'Elbrouz**, son point culminant, a 5600 mètres; le **Kazbek**, le second, a 5100 mètres. La crête de cette énorme chaîne, offre des escarpements majestueux, des glaciers, des neiges éternelles; mais des vallées agréables s'ouvrent à sa base, surtout vers le sud, du côté de la Géorgie. Sur le versant N., se trouve la Circassie, célèbre par la beauté de ses popu-

1. Voyez dans l'Atlas la carte de la Russie.

lations. On appelle la race blanche *race causasique*, parce que ses types les plus parfaits se retrouvent dans ces montagnes.

Le Kouban, tributaire de la mer Noire, le Térek, tributaire de la mer Caspienne, coulent sur le flanc septentrional ou européen. Parmi les passages importants qui coupent le Caucase, on distingue le défilé de *Dariel* (anciennes *Portes Caucasiennes*), sur la route de Mozdok à Tiflis; le défilé de *Derbent* (anciennes *Portes Albaniennes*), resserré entre les croupes orientales de la chaîne et la Caspienne.

Les monts **Ourals** (ou simplement l'**Oural**), entre la mer Caspienne et l'océan Glacial, sont beaucoup moins élevés que le Caucase, mais plus étendus; ils occupent, du S. au N., une longueur de 2000 kilomètres; leur attitude atteint seulement de 1000 à 1600 mètres. Ils sont très riches en mines d'or, de platine, de cuivre et de sel. Il y a de grandes forêts de pins et de sapins. Le fleuve Oural en descend au S., pour se jeter dans la mer Caspienne. Dans leur plus grande partie, ils sont entre les bassins du Volga et de l'Obi, et contribuent par conséquent à séparer les deux grands versants.

Les **monts Dofrines** ou **Alpes Scandinaves** [1], généralement dirigés du N. E. au S. O., prennent naissance en Russie, dans la presqu'île de Kola, au N. O. de la mer Blanche, pénètrent dans la péninsule Scandinave, entre le golfe de Botnie et celui de Varanger, et forment, sur une grande étendue, du N. au S., la limite entre la Suède et la Norvège ; parvenus à peu près vers le milieu de la Scandinavie, ils tournent au S. O., parcourent la Norvège et se terminent au cap Lindesnæs. Ils séparent les versants de la mer Baltique et du Cattégat de celui de l'Océan.

La partie des Dofrines qui sépare la Suède de la Norvège porte le nom de **Kiœlen**. — La branche S. O., qui couvre l'intérieur de la Norvège, s'appelle d'abord **Dovre-field** (d'où vient le nom de Dofrines), puis **Lang-field, Sogne-field.** Cette branche est la partie la plus haute de toutes les

1. Voyez dans l'Atlas, pour ces montagnes et les suivantes, les cartes des diverses contrées où elles sont placées.

Alpes scandinaves, et presque partout elle est couverte de neiges et de glaciers. Elle n'est pas une chaîne proprement dite, mais une succession de plateaux et de groupes irréguliers, coupés par des fentes abruptes ; on y remarque surtout les monts *Ymes*, *Hurrunger* et *Skagstœlstind*, dans le Lang-field, et le mont **Snehœttan** (c'est-à-dire **Bonnet de neige**), dans le Dovrefield : ces sommets atteignent environ 2600 mètres au-dessus de la mer.

Parmi les glaciers, on remarque celui de *Justedal*.

Des cascades admirables (Riukand-Foss et autres) descendent de ces montagnes ; des vallées pittoresques, des lacs limpides, sont encaissés entre leurs pentes rapides ; et, dans leurs flancs occidentaux, beaucoup plus escarpés que les versants orientaux, pénètrent, sur les côtes de Norvège, des *fiords* nombreux, golfes étroits et profonds qui ressemblent à de magnifiques estuaires de fleuves.

Les monts Dofrines sont riches en mines de fer, de cuivre, d'argent ; ils sont revêtus, sur de grands espaces, de forêts de sapins, de pins et de bouleaux ; mais dans leur partie septentrionale, il n'y a plus d'arbres ; les mousses, les lichens les myrtilles et d'autres petites plantes herbacées s'y montrent seuls.

Nous avons vu toutes les montagnes du continent ; examinons maintenant celles des îles européennes.

Dans la **Grande-Bretagne**, les montagnes principales se trouvent en Écosse : ce sont les monts **Grampians**, traversant toute la largeur de l'île, du N. E. au S. O., du cap Kinnaird à la presqu'île de Cantyre. Quoique d'une hauteur médiocre, ces montagnes ont un aspect assez imposant et très pittoresque. Des rochers fantastiques, de beaux lacs, des cascades, y attirent les voyageurs. Leurs points culminants sont le **Ben-Nevis** et le **Ben-Macdhui**, d'environ 1400 mètres d'altitude.

Les monts **Cheviot** s'étendent, de l'E. à l'O., sur la frontière de l'Écosse et de l'Angleterre ; ils n'ont que 1000 mètres.

Dans le nord de l'Angleterre, court du N. au S. la chaîne

Pennine, d'où se détache, à l'O., le groupe des monts **Cumbriens**; c'est dans ces derniers qu'est le mont le plus haut de l'intérieur de l'Angleterre, le *Scaw-Fell*, d'environ 1000 mètres d'altitude.

Les montagnes du **Pic**, peu élevées, mais connues des touristes par leurs *merveilles* naturelles, occupent à peu près le milieu de la Grande-Bretagne.

Les monts **Cambriens**, ou du *pays de Galles*, couvrent, du **N. au S.**, une grande partie de ce pays. Le **Snowdon** (1120 mètres) en est le point le plus élevé.

Il n'y a pas, en **Irlande**, de grandes chaînes de montagnes. Cette île est comme un vaste plateau, surmonté çà et là de mamelons et de groupes peu étendus. Les parties les plus montueuses du pays sont vers le S. O.; le point le plus élevé est le mont *Carran-Tual*, d'une altitude de 1037 m.

La **Corse** est traversée du N. au S. par une chaîne de hautes montagnes, dont les points principaux sont le **monte Cinto** (2707 mètres), le **monte Rotondo** (2635 mètres), le **monte d'Oro** (2391 mètres), le **monte Grosso** (1860 mètres).

Ces montagnes sont hérissées de rochers taillés à pic; leurs flancs sont revêtus d'épaisses forêts de chênes, de sapins, de pins magnifiques et de grands buis.

Les vallées qui s'étendent à leur pied sont belles et fertiles, et le climat est favorable à la vigne, aux orangers, aux citronniers, aux oliviers, à la garance, aux mûriers; mais la culture est fort négligée. Il y a beaucoup de mines et des carrières de beaux marbres, de superbe diorite et d'amiante ou asbeste.

Les montagnes de la **Sardaigne** ne forment pas une crête régulière comme celles de la Corse, mais elles sont éparses sur une sorte de grand plateau qui compose l'île. Plusieurs sont d'origine volcanique. On y distingue, comme point culminant, le *Gennargentu* (1960 mètres), vers le centre.

Les montagnes principales de la **Sicile**, après le volcan de l'*Etna*, qui domine la partie orientale de l'île de son énorme et haute masse (3300 mètres), sont les monts *Neptuniens*, qui courent de l'E. à l'O., depuis le phare de Messine jusqu'au cap de Boeo, en longeant la côte septentrionale. Le mont *Madonia* (1960 mètres) est le point le plus élevé.

L'île de **Candie** (ancienne île de *Crète*) est parcourue de l'E. à l'O. par une chaîne de montagnes dont le point dominant est le **Psilority** (ancien *Ida*), d'une altitude de 2500 mètres.

Le calcaire y est la roche la plus commune; il s'y trouve un grand nombre de grottes et de cavernes, et il est probable que le fameux labyrinthe de Crète n'était qu'une caverne à compartiments multipliés, que les hommes avaient appropriée à servir d'asile contre l'ennemi.

L'**Islande,** cette île boréale et froide, qui est plutôt une terre américaine qu'une dépendance physique de l'Europe, est hérissée de montagnes et de plateaux volcaniques, parmi lesquels on distingue le mont **Hekla**, au S.; le *Vatna-Iœkull,* sorte de large plateau, le *Snæfels* et l'*Œrœfa-Iœkull,* à l'E.; un autre *Snæfels*, à l'O. Le plus haut de tous est l'*Œrœfa-Iœkull* (environ 2000 mètres). — Les flammes, la fumée et les laves brûlantes de ces monts contrastent avec les neiges et les glaces dont ils sont constamment couverts. Il y a beaucoup de lacs dans les vallées qui les avoisinent, et l'on y voit jaillir de nombreuses sources chaudes; les plus fameuses sont, au S. O., les *Geisers*, qui s'élancent en magnifiques jets intermittents.

EAUX INTÉRIEURES

LIGNE DE PARTAGE DES EAUX. — VERSANTS.

L'Europe est divisée en deux versants : celui du N. et du N. O. incliné vers l'océan Glacial et l'océan Atlantique; et celui du S. et du S. E., incliné vers la Méditerranée et la mer Caspienne. L'arête ou ligne de partage des eaux qui sépare ces deux versants s'étend du N. E. au S. O., des frontières de l'Asie au détroit de Gibraltar, et elle passe par les monts *Ourals*, les collines *Ouvalli* et les plateaux de *Perm-Vologda*, le *Valdaï*, les *Carpathes*, les *Sudètes*, les monts *Moraves*, les monts de la *Forêt de Bohême*, les montagnes des *Pins* (*Fichtel-Gebirge*), le *Jura de Franconie*, le *Jura de Souabe*, la *Forêt-Noire*, les *Alpes Algaviennes*, *du Vorarlberg* et *des Grisons*, les *Alpes Rhétiques*, les *Alpes Lépontiennes*, les *Alpes Bernoises*, le *Jura*, les *Vosges méridionales*, les monts *Faucilles*, la *Côte-d'Or*, les *Cévennes*, les *Pyrénées*, les monts *Cantabres*, les monts dits *Ibériques* et la *Sierra Nevada*.

BASSINS MARITIMES ET FLEUVES QU'ILS COMPRENNENT.

La Méditerranée, l'Atlantique, l'océan Glacial arctique, forment des mers secondaires qui reçoivent la plupart des cours d'eau d'Europe.

Le versant du S. E. et du S. comprend les bassins suivants :

1° Le bassin de la *Caspienne*, mer entièrement fermée, appartenant plus au monde asiatique qu'à l'Europe ; 2° le bassin de la mer *Noire* et de la mer d'*Azov* ; 3° dans la Méditerranée, le bassin de l'*Archipel* ; 4° le bassin de l'*Adriatique* ; 5° le bassin de la mer *Ionienne* ; 6° le bassin de la mer *Tyrrhénienne* ; 7° le bassin de la *Méditerranée occidentale*.

BASSIN DE LA CASPIENNE.

La mer Caspienne reçoit l'**Oural** ou **Iaïk** qui descend des monts Oural et coule du N. au S. sur les frontières de l'Europe et de l'Asie et arrose *Orenbourg*, mais le plus grand fleuve de ces parages et même de l'Europe vient ensuite. Le **Volga** (ancien *Rha*, 3800 kilomètres) sort des monts

Valdaï, parcourt le centre et le S. E. de la Russie, en coulant d'abord à l'E., puis au S., et va se jeter dans la mer Caspienne par une infinité d'embouchures. Il déborde fréquemment dans les vastes plaines qu'il arrose. Il est très poissonneux. On y pêche surtout beaucoup d'esturgeons, qui donnent lieu à une importante confection de ***caviar*** et de *colle de poisson*.

Les principaux affluents sont à droite : l'*Oka*, grossie de la *Moskva ;* à gauche, la *Kama*, augmentée de la *Viatka*.

Le Volga baigne *Tver*, *Kostroma*, *Nijnii Novgorod*, si célèbre par ses foires, passe non loin de *Kazan*, et ensuite arrose, entre autres, *Samara*, *Saratov* et *Astrakhan*, sur une île, à 50 kilomètres de la mer Caspienne.

BASSIN DE LA MER NOIRE ET DE LA MER D'AZOV.

Le *Kouban* se divisant en deux branches, se jette à la fois dans la mer Noire et dans la mer d'Azov.

Le **Don** (anciennement *Tanaïs*) tombe dans la mer d'Azov par trente bras. Son delta est de 45 kilomètres. Il n'arrose aucune ville importante. Le débit de ses eaux est énorme. Il se grossit du *Khoper*, du *Donetz* et du *Manytch* qui lui apporte les eaux du grand *Liman* et qui a, d'un autre côté, un écoulement vers la Caspienne. Sa longueur est de 2100 kil.

Le **Dniepr** ou **Dnieper** (ancien *Borysthène*) est pour l'étendue (environ 2000 kilomètres), le cinquième fleuve de l'Europe et reçoit la *Bérézina* si malheureusement célèbre par le désastre des Français en 1812 ; le *Pripet* qui parcourt les vastes marais de *Pinsk*, la *Desna*, le *Boug* qui se joint au fleuve très près de son embouchure. Bien que sa navigation soit difficile sur un grand nombre de points, ce cours d'eau n'en est pas moins la voie principale par laquelle arrivent, de la petite Russie, les blés à Odessa. Le liman ou estuaire du Dniepr communique avec la mer par des chenaux défendus par des forteresses.

Le **Dniestr** ou **Dniester** (ancien *Tyras*), fleuve de l'Austro-Hongrie et de la Russie méridionale, est une artère

Le Danube à Presbourg.

commerciale importante, surtout pour le commerce des blés dont un des grands centres est *Odessa.*

Le **Danube** (ancien *Ister* ou *Danubius*) en allemand *Donau,* le plus grand fleuve d'Europe après le Volga, prend sa source dans la forêt Noire, coule en général de l'O. à l'E., franchit l'Allemagne méridionale, l'Autriche-Hongrie, se trace pour ainsi dire un chemin de vive force à travers les Portes de fer, entre les Carpathes et les derniers contreforts des Balkans de Serbie, et plus loin, large, majestueux, confine au sud la Roumanie et se jette ensuite dans la mer Noire par trois branches : celle du nord, la branche de Kilia sur la frontière de Russie; la branche de Saint-George, au S., et celle de *Soulina,* au milieu, la moins large, mais la seule qu'emploie la navigation et que les travaux d'endiguement et de canalisation surveillés par la *Commission européenne* du Danube rendent propre aux gros navires. On appelle **Dobroudja**, la presqu'île située entre le dernier coude du Danube et la mer Noire.

Le bassin du Danube est d'environ 800000 kilomètres carrés. Rapide, sujet à des crues redoutables, surtout au printemps, ce grand cours d'eau est la plus importante ligne vitale du commerce de l'Europe moyenne. Sa longueur est de 2800 kilomètres, sa largeur au-dessous de Buda-Pest d'au moins 1000 mètres. Ses principaux affluents sont à droite l'*Inn,* la *Drave,* la *Save,* à gauche la *Theiss,* le *Prout.*.

Il passe à *Linz,* à *Vienne,* à *Buda-Pest,* à *Peterwardein,* à *Semlin,* à *Belgrade,* à *Semandria,* à *Vidin,* à *Roustchouk,* à *Silistri,* etc.

BASSIN DE LA MÉDITERRANÉE ET MERS DÉPENDANTES. ARCHIPEL.

La **Maritza** (anc. *Hèbre*) prend sa source dans les Balkans et se dirige vers l'Archipel, après avoir arrosé la partie orientale de la Roumélie. Elle passe, entre autres, à Philippopoli et à Andrinople.

Le *Vardar* (ancien *Axius*) tombe dans le golfe de Salonique.

BASSIN DE L'ADRIATIQUE.

Les principaux tributaires de l'Adriatique sont à l'E., le *Drin*, au N. O., l'*Adige*, le *Pô*.

De la péninsule des Balkans, l'Adriatique reçoit la **Voioussa**, qui descend du Pinde, et le **Drin**, qui coule de l'E. à l'O.

Au nord de l'Adriatique, en Italie, on remarque plusieurs cours d'eau qui ne sont d'abord que des torrents, le *Tagliamento*, la *Piave*, la *Brenta*.

L'**Adige** (anc. *Athesis*) prend sa source dans les Alpes : peu de temps avant de tomber dans la mer, il franchit un pays de marais et d'atterrissements. Son cours est de 318 kilomètres.

Le **Pô** (anc. *Padus* ou *Eridan*) est le plus grand fleuve de l'Italie, il descend du mont Viso et, après un parcours de 600 kilomètres, se jette dans l'Adriatique par plusieurs branches : il charrie beaucoup de sable et de terre et forme de grands atterrissements vers son embouchure. Les principaux affluents sont à gauche la *Doire Ripaire*, la *Doire Baltée*, la *Sesia*, le *Tésin* ou *Tessin* sorti du lac Majeur, l'*Adda* qui forme le joli lac de *Côme*, le *Mincio* qui sort du grand et beau lac de *Garde*, à droite, le *Tanaro*, la *Trebbia*, le *Taro*, le *Panaro*, etc. Il arrose *Turin*, *Plaisance*, etc.

BASSIN DE LA MÉDITERRANÉE OCCIDENTALE.

Sur la côte occidentale de l'Italie débouchent le *Tibre* et l'*Arno*, peu considérables, mais qui arrosent des lieux célèbres dans l'histoire.

Le **Tibre** passe à *Rome*, l'**Arno** à *Florence* et dans les plaines de Pise.

Ces deux cours d'eau viennent des monts Apennins, coulent presque constamment vers l'O., et se jettent dans la mer Tyrrhénienne et dans la Méditerranée proprement dite.

Le **Rhône** (*Rhodanus*) se jette dans le golfe du Lion. Fleuve rapide, impétueux, souvent terrible dans ses débordements, le Rhône vient des Alpes de Suisse, franchit le Valais, forme le lac de *Genève*, et sépare quelque temps la France de la Suisse; il coule à l'O. jusqu'à Lyon, puis tourne au S. et se rend dans la Méditerranée par quatre branches, dont deux principales, le *grand Rhône*, à l'E., et le *petit Rhône*, à l'O., qui forment le delta de la *Camargue*. Il a pour affluents : à droite, l'Ain, la **Saône** (autrefois *Arar*), grossie du Doubs ; l'*Ardèche*, le *Gard ;* — à gauche, l'*Isère*, la *Drôme*, la *Durance*. Il baigne *Lyon*, placé au confluent de la Saône et du Rhône, puis *Vienne*, *Valence*, *Avignon*, *Arles*. Le Rhône a 850 kil. et c'est, de tous les cours d'eau français, celui dont le débit est le plus considérable.

Un seul fleuve remarquable de la péninsule Hispanique se rend immédiatement dans la Méditerranée : c'est l'**Èbre**, qui coule de l'O. à l'E. et a un petit delta. Il a pour affluent la *Sègre*. Il arrose *Saragosse*. Son cours est de 700 kil.

Versant de l'Atlantique et de l'océan Glacial. — Le versant du N. O. et du N. comprend les principaux bassins suivants :

1° Le bassin de l'*Atlantique* proprement dit; 2° le bassin de la mer de *France* ou du *golfe de Gascogne*; 3° le bassin de la *Manche ;* 4° le *bassin de la mer d'Irlande* et de l'*Atlantique proprement dit ;* 5° le bassin de la mer du *Nord;* 5° le bassin de la *Baltique;* 7° le bassin de la mer Blanche; 8° le bassin de l'*océan Glacial* proprement dit.

Bassin de l'Atlantique proprement dit. — Les premiers cours d'eau appartiennent à la péninsule Hispanique. Le **Guadalquivir** (corruption de *Ouad-el-Kebir*) en arabe, grande rivière (le *Bétis* des anciens), arrose une délicieuse contrée entre la Sierra Morena et la Sierra Nevada, et a pour affluent principal le *Genil* ou *Xenil*. Son cours est d'environ 500 kil. Il passe à *Cordoue* et à *Séville*.

Le **Guadiana** parcourt le bassin compris entre les montagnes de Tolède et la Sierra Morena. Au commencement de son cours, il disparaît entre des joncs et des roseaux l'espace d'une vingtaine de kilomètres, et reparaît ensuite sous la forme de grands marais, nommés les *Yeux du Guadiana*. Son cours est d'environ 800 kil. Il n'est navigable que pendant 67 kil. Il passe à *Badajoz*.

Le **Tage**, en espagnol *Tajo*, en portugais *Tejo*, coule dans le vaste bassin renfermé dans les chaînes qui se terminent au cap da Roca et au cap Saint-Vincent. C'est le plus grand fleuve de la Péninsule. Il forme, un peu avant son embouchure, une sorte de baie qu'on nomme *mer de la Paille*. Cette partie inférieure de son cours est ornée de beaux rivages; mais, en général, il arrose une contrée pauvre et aride, et c'est à tort qu'on en a fait de brillantes descriptions. Ce fleuve reçoit la *Jarama*, qui se grossit du *Henarez* et du *Manzanarès*, la rivière de Madrid. Le Tage baigne *Tolède* et forme une vaste rade devant *Lisbonne*. Son cours est de 1100 kil.

Le **Douro**, en portugais (*Duero*, en espagnol), est un grand fleuve qui se grossit, à droite de la *Pisuerga* et de l'*Esla*. Son cours est de 830 kil. Il tombe dans la mer à *Oporto*.

Le ***Minho***, en portugais (*Miño*, en espagnol), n'a qu'une importance très secondaire.

Tributaires de la mer de France. — Dans la mer de France, se rendent la **Garonne** et la **Loire**. La **Garonne** (*Garumna*) descend avec rapidité des Pyrénées en Espagne, et ne prend le nom de **Gironde** qu'après avoir reçu la **Dordogne** au *Bec d'Ambez*. Elle reçoit, à droite, l'*Ariège*, qui roule quelques paillettes d'or, d'où son nom ancien *Aurigera*, le *Tarn* grossi de l'*Aveyron* et le *Lot*; à gauche, le *Gers*.

La **Dordogne** reçoit elle-même la **Vézère**, grossie de la *Corrèze* (*Currentia*).

Les principales villes échelonnées sur les bords de la Garonne sont : *Toulouse*, *Agen*, *Tonneins*, *Marmande la Réole*, *Bordeaux*. — *Blaye* est sur la Gironde. Le cours de la Garonne est de 650 kil.

La **Loire** (*Liger*) prend naissance au Gerbier de Joncs, dans les Cévennes ; elle coule d'abord au N., puis à l'O., et offre une assez large embouchure devant Paimbœuf. Elle est sujette à des crues subites et dangereuses, — souvent aussi, elle est presque sans eau, — et elle roule d'immenses quantités de sable qui rendent la navigation difficile. Elle reçoit, entre autres, à droite la *Nièvre*, la *Maine* ; à gauche, l'*Allier*, le *Cher*, l'*Indre*, la *Vienne*, etc.

Elle arrose de nombreuses villes, parmi elles, citons : *Roanne*, *Nevers*, *Orléans*, *Blois*, *Amboise*, *Tours*, *Saumur*, *Ancenis*, *Nantes*, *Paimbœuf*, *Saint-Nazaire*. Son cours est d'environ 1000 kil.

Bassin de la Manche. — La **Seine** (*Sequana*), qui vient de la Côte-d'Or et se dirige du S. E. au N. O., est le seul fleuve considérable qui se jette dans la Manche. Ses sinuosités allongent singulièrement son cours qui est de 780 kil. Elle se grossit, entre autres, à droite, de la *Marne* et de l'*Oise*, à gauche, de l'*Yonne*, du *Loing* et de l'*Eure*. Les villes qu'arrose la Seine sont : *Châtillon-sur-Seine*, *Bar-sur-Seine*, *Troyes*, *Nogent-sur-Seine*, *Montereau*, *Melun*, *Corbeil*, *Paris*, *Mantes*, *Elbeuf*, *Rouen*, *le Havre*.

La **Somme**, qui passe à *Amiens* et à *Abbeville*, est en partie canalisée.

Bassin de la mer d'Irlande. — Cours d'eau des îles Britanniques, tributaires de l'Atlantique proprement dit. — En Angleterre, à l'O., la **Severn** (appelée aussi Saverne), débouche dans le canal de Bristol. C'est le second cours d'eau de la Grande-Bretagne.

La **Mersey**, sur les bords de laquelle s'élève Liverpool, et la **Clyde**, qui baigne Glasgow, sont peu longues, mais fort larges et se jettent dans la mer d'Irlande.

Le **Shannon**, fleuve d'Irlande, formé en partie par des lacs, est le plus long des îles Britanniques ; son cours est de 380 kil. Il se jette directement dans l'Atlantique.

Bassin de la mer du Nord. — Les principaux cours d'eau de ce bassin sont : la *Tamise*, l'*Escaut*, la *Meuse*, le *Rhin*, le *Weser*, l'*Elbe*.

La **Tamise** (en anglais Thames), qui porte d'abord le nom d'*Isis*, baigne *Londres* et se jette dans la mer du Nord par une large embouchure. Les Anglais l'appellent le *roi des fleuves;* elle l'est, en effet, sous le rapport de l'importance commerciale; aucun cours d'eau ne voit circuler autant de navires richement chargés; cependant elle n'a que 320 kil. de cours et n'atteint pas la moitié de l'étendue de la Seine.

L'**Humber** et le **Forth**, dans la Grande-Bretagne, coulent de l'O. à l'E., et se jettent aussi dans la mer du Nord.

L'**Escaut** (autrefois *Scaldis*), peu considérable d'abord (il prend sa source dans le département de l'Aisne), acquiert hors de la France un grand volume d'eau et beaucoup d'importance pour la navigation.

Il reçoit, à gauche, la *Scarpe* et la *Lys ;* à droite, le *Dender*, puis le *Rupel*, formé par la réunion de la *Nethe* et de la *Dyle*.

L'Escaut devient, en Belgique, le fleuve flamand par excellence. Il forme à Anvers un des plus beaux ports du monde.

Il passe à *Tournai*, à *Oudenarde*, à *Gand*, à *Termonde*, à *Anvers*. Son cours est de 430 kil.

La **Meuse** (autrefois *Mosa*) sort du plateau de Langres ; son bassin, très étroit, s'allonge entre les deux arêtes qui appartiennent aux hauteurs du Toulois et du Verdunois et aux Ardennes orientales, d'un côté ; aux massifs de l'Argonne et des Ardennes occidentales, de l'autre. Après avoir franchi une partie de la Lorraine et de la Champagne, elle entre dans la Belgique, près de Givet, pour aller se jeter dans la mer du Nord. Elle reçoit quelques branches du Rhin, entre autres, le *Waal*, et a trois bouches considérables à travers les îles de la Hollande. En Belgique, elle a pour affluent, à gauche, la *Sambre*, dont la source est en France. La Meuse passe à *Neufchâteau*, *Vaucouleurs*, *Commercy*, *Verdun*, *Sedan*, *Mézières*, *Charleville*, *Givet*; puis en Belgique, à *Namur*, à *Liège ;* dans le Limbourg hollandais, à *Maestricht*, et arrose d'une de ses branches la ville de *Rotterdam*. Son cours est de 800 kilomètres environ.

Le **Rhin** (ancien *Rhenus*), un des plus beaux fleuves de l'Europe, sort du mont Adula (Alpes Lépontiennes), en Suisse, coule d'abord vers le N. E., forme le grand lac de **Constance** et tourne ensuite à l'O. puis au N. Le fleuve, qui n'est autre d'abord qu'un torrent, offre plusieurs chutes, entre autres celle de Schaffhouse, qui n'a que 22 mètres, mais dont l'aspect est néanmoins magnifique.

Le Rhin sépare le grand-duché de Bade de l'Alsace, baigne le Palatinat, le grand-duché de Hesse, pénètre dans la province du Rhin, puis dans les Pays-Bas.

Là, il se divise en plusieurs branches dont l'une désignée sous le nom de *Vieux-Rhin*, tombe directement dans la mer du Nord, près de Leyde; à gauche, le *Waal*, le *Lek*, le *Neder-Yssel* sont des branches qui se rendent à la Meuse; à droite, l'*Yssel* et le *Vecht Occidental*, qui communique avec l'*Amstel*, se jettent dans le Zuider-zée.

Très rapide jusqu'à son entrée dans les Pays-Bas, souvent resserré entre des montagnes de l'aspect le plus pittoresque, le Rhin finit par couler au milieu de plaines riches, mais monotones.

A gauche, il reçoit d'abord, l'*Aar*, la rivière la plus importante de la Suisse, puis l'*Ill* qui a donné son nom à l'*Alsace* (séjour de l'Ill), et la *Moselle*, un de ses plus beaux affluents.

A droite, le Rhin se grossit du *Necker* ou *Neckar*, du *Main*, de la *Lahn* et de la *Lippe*.

Il passe à *Schaffhouse*, à *Bâle*, à *Kehl*, non loin de *Strasbourg*, à *Spire*, à *Mayence*, à *Coblentz*, à *Cologne*, à *Dusseldorf*, etc.

Son cours est de plus de 1300 kilomètres.

Le *Weser* (ancien *Visurgis*), formé par la réunion de la *Werra* et de la *Fulde*, a également un large estuaire. Il baigne, entre autres, la ville de Brême.

L'*Elbe* (ancien *Albis*) prend sa source dans les montagnes des Géants. Elle forme une vaste courbe en Bohême, y coule avec une grande rapidité, y reçoit la *Moldau*, dont les eaux sont plus abondantes que les siennes, puis sort des montagnes à Schandau, par une coupure, entre les montagnes des Mines et les monts des Géants, franchit ensuite la Prusse, entre dans le Hanovre, qu'elle sépare du Mecklembourg et du Holstein, s'élargit, forme un véritable estuaire et se jette dans la mer du Nord, au S. O. de la péninsule Cimbrique.

L'Elbe est grossi de la *Mulde*, de la *Saale*, du *Havel* (qui reçoit la *Sprée*, la rivière de Berlin).

Cette grande route commerciale de l'Allemagne intérieure, navigable depuis Schandau, est de 1100 kilomètres. L'Elbe passe à *Dresde*, *Magdebourg*, *Hambourg*, *Altona*, *Gluckstadt*.

Tributaires de la Baltique. — Au S. de la Baltique, les trois premiers de ses tributaires offrent à leurs embouchures des amas d'eau qui sont moitié lacs, moitié golfes, et qu'on appelle *haffs*.

L'Oder (940 kil.) naît dans les Sudètes, passe à Breslau, Francfort, Stettin et tombe dans le Pommersches-Haff.

La **Vistule** prend sa source dans les Beskides et, après un cours d'environ 1100 kilomètres à travers l'Autriche, la Pologne et la Prusse, tombe dans le *Frisches-Haff* et aussi dans le golfe de Dantzig. Elle arrose *Cracovie*, *Varsovie*, *Dantzig*.

Le **Niemen** (820 kilomètres) se jette dans le Curische-Haff.

Plus au nord, nous rencontrons, se déversant dans les golfes profonds formés par la Baltique, la *Dvina*, la *Neva*, le *Torneă*, etc.

La **Dvina méridionale**, nommé *Duna* par les Allemands, prend naissance dans le plateau de Valdaï, non loin des sources du Dniepr et du Volga et tombe dans le golfe de Riga ou de Livonie. Elle passe à *Dunaborg* et à *Riga*. Son cours, de plus de 960 kilomètres, est embarrassé. Son embouchure est obstruée par des bancs de sable. Les glaces l'encombrent pendant plus de six mois.

La **Néva** tombe dans le golfe de Finlande; son cours est peu long, mais fort large. C'est le déversoir des eaux du grand lac Ladoga, le plus étendu de l'Europe. Grâce à plusieurs canaux, la Néva communique avec la région centrale et le nord de la Russie. Elle se termine à quelques kilomètres au-dessous de Pétersbourg, près de l'île fortifiée de *Kronstadt*.

La mer Baltique reçoit au N. O. et au N., par le golfe de Bosnie, le *Dal-elf*, le *Luléă*, le *Torneă*.

Le **Dal-elf** (*elf*, signifie rivière) est le plus grand fleuve de la péninsule Scandinave. De nombreuses cascades entravent le cours de sa navigation. Sa longueur est de 450 kilomètres.

Le **Luléă** sert d'écoulement à un lac du même nom et forme la célèbre cataracte de *Niaumelsaskas* (c'est-à-dire le saut du lièvre), d'une élévation de 200 mètres.

Le **Tornéă** sort du lac du même nom.

Tributaires de l'océan Glacial Arctique. — La mer **Blanche** forme plusieurs golfes dans lesquels tombent quelques fleuves du nord de la Russie.

L'**Onéga** se jette dans le golfe du même nom.

La **Dvina septentrionale** tombe dans le golfe d'Arkhangel, à 40 kilomètres de la ville de ce nom, placée à la tête des rares transactions commerciales de ces froids parages.

Le **Mezen** tombe dans le golfe du même nom, à l'entrée de la mer Blanche.

La **Petchora** est le plus grand fleuve de cette région, et se jette immédiatement dans l'océan Glacial. Il prend sa source dans les monts Ourals et coule à travers les *toundras* avant de mêler ses eaux à celles de la mer.

La **Kara**, qui naît dans les monts Ourals, est considérée comme la limite de l'extrême Europe au N. E. et verse ses eaux dans la petite mer froide et désolée de Kara.

Parmi tous ces fleuves, ceux qui présentent le plus d'activité commerciale ne sont pas les plus étendus. Les fleuves de la Grande-Bretagne n'ont pas un très long cours, mais ils offrent de larges embouchures, c'est-à-dire des *estuaires*, et ont la navigation la plus active : la *Tamise*, surtout, qui baigne Londres, est le cours d'eau du monde où circulent le plus de navires. On a joint entre eux, par de nombreux canaux, tous les fleuves de cette île florissante.

En résumé, sur le continent, les fleuves les plus importants, ceux qu'on peut considérer comme les plus grandes artères de l'Europe, sont : à l'O., le *Rhin*, qui vivifie la Suisse septentrionale, l'Allemagne occidentale et les Pays-Bas ; — au centre et au S. E., le *Danube ;* — à l'E., le *Volga*, qui ne coule qu'en Russie, mais qui offre à ce pays des ressources infinies par les riches alluvions que déposent ses débordements périodiques, par la multitude de ses poissons et par la navigation très animée dont il est le théâtre.

LACS, MARAIS ET LAGUNES.

C'est autour de la Baltique que l'Europe a le plus de lacs. Les plus grands versent leurs eaux dans le golfe de Finlande : le **Ladoga,** le plus considérable de tous (200 kilomètres de long, 130 kilomètres de large), s'y écoule par la Néva ; l'**Onéga**, le second des lacs européens (200 kilom. sur 80), et les lacs **Saïma** et **Ilmen**, sont tributaires du Ladoga ; le lac **Peipous** s'écoule dans le même golfe par la Narova et a aussi un écoulement vers le golfe de Livonie.

D'innombrables lacs sont répandus dans la Finlande : le plus étendu est le *Pæjjæne*.

Dans la péninsule Scandinave, se trouvent également de nombreux lacs, dont les principaux sont : le joli lac **Mælar**, qui touche la mer Baltique et qui baigne la capitale de la Suède, Stockholm ; — le lac **Vettern**, qui s'écoule dans la même mer ; — le lac **Venern**, le plus grand de la péninsule, communiquant avec le Cattégat par la rivière Gœtha et avec le lac précédent par un large canal de navigation.

Dans le N. de l'Allemagne, le voisinage des côtes de la Baltique offre les espèces de lacs appelés *haffs* dont nous avons déjà parlé, et le lac *Müritz*, qui s'écoule dans l'Elbe.

L'Écosse (nord de la Grande-Bretagne) a beaucoup de lacs (*lochs*), la plupart renommés par leur joli aspect : le plus remarquable est le **Loch-Lomond**, qui s'écoule dans la Clyde.

L'Irlande a aussi une quantité de lacs (que, dans l'ancien langage irlandais, on appelle *loughs*) : on remarque les charmants lacs de **Killarney**, le double lac **Erne**, le lac **Neagh**, et les lacs assez nombreux que forme le *Shannon*.

Le lac de **Constance** ou *Boden-see* est formé par le Rhin, et dans ce fleuve se rendent les eaux des lacs, un peu moins considérables, de **Zürich**, de **Lucerne** et de **Neuchâtel**. Ce sont d'agréables masses d'eau, toutes en Suisse.

Le lac de **Genève**, ou lac *Léman*, un des plus beaux de l'Europe, est produit par le Rhône au pied des Alpes, entre la France et la Suisse.

Le Pô reçoit les eaux des lacs **Majeur**, de **Côme** et de **Garde**, situés aussi au pied des Alpes et célèbres par leurs aspects pittoresques.

Le lac de *Pérouse* (ancien *Trasimène*), au milieu de l'Italie; les lacs de **Scutari**, d'*Okhrida* et *Presba*, dans la péninsule des Balkans, sont encore de beaux lacs.

Mais le **Balaton** ou *Platten-see*, au centre de l'Europe, dans les plaines de la Hongrie, est un lac marécageux et triste qui s'écoule dans le Danube.

Dans la même région de l'Europe, se trouve le lac de *Neusiedl*, qui s'est desséché peu à peu pendant quelques années, mais qui a repris récemment ses eaux.

On vient de dessécher un grand lac du centre de l'Italie, le lac *Fucino*, au milieu d'un plateau des Apennins : on l'a fait écouler dans le Garigliano, tributaire de la mer Tyrrhénienne. Désormais on ne redoutera plus ses funestes débordements, et l'on profitera des cultures d'un vaste et fertile terrain qu'il a laissé à sec.

C'est ainsi qu'on a desséché, il y a plusieurs années, au grand avantage de l'agriculture, le lac de **Harlem**, près du Zuider-zee, en Hollande.

Un travail du même genre vient d'être entrepris pour le lac de *Grand-Lieu*, au S. de l'embouchure de la Loire.

Les plus grands marais d'Europe sont ceux de **Pinsk**, dans la Russie occidentale. Les côtes du nord de l'Alle-

Lac de Genêves.

magne et une grande partie des Pays-Bas sont pleines de marais : on remarque surtout dans cette dernière contrée les marais de *Bourtange* et de *Peel.*

L'Irlande est occupée, sur de vastes espaces, par des *bogs* ou fondrières, qui cachent, sous l'apparence d'une agréable prairie, les dangereux abîmes d'une fange très profonde.

Les côtes S. O. et méridionales de la France sont bordées de lagunes ou *étangs*, masses d'eau salée qui sont des restes de la mer : étangs de *Carcans*, de *Thau*, de *Vaccarès*, de *Berre*, etc.

Le lac d'**Albufera**, sur la côte orientale de l'Espagne, est une espèce de lagune.

L'Italie a, sur sa côte orientale, les lagunes de **Venise** et les marais très malsains de **Comacchio**; sur la côte occidentale, les trop fameux marais **Pontins** et les tristes **Maremmes** de Toscane.

La péninsule des Balkans renferme, à l'E., le lac marécageux de *Rasim*, près et au S. de l'embouchure du Danube ; — un autre lac marécageux, le lac **Topolias** (anciennement *Copaïs*), se trouve près de la côte orientale de la Grèce.

CLIMAT, PRODUCTIONS.

Climat. — L'Europe est froide vers ses extrémités boréales, quoiqu'elle le soit moins que l'Asie et l'Amérique à la même latitude ; dans le midi, le climat est chaud, mais non brûlant, comme dans quelques parties de l'Asie ou de l'Afrique. En général, la température y est douce et agréable, surtout dans les régions occidentales, qui reçoivent l'heureuse influence des vents de l'océan Atlantique et celle du courant du Golfe (*Gulf-stream*). L'Europe, enfin, a l'avantage d'être limitée au S. par une vaste mer qui adoucit beaucoup le climat.

Les *lignes isothermes*, c'est-à-dire d'égale température, pour les pays placés approximativement au niveau de la mer, ne suivent pas, en Europe, à beaucoup près, les cercles parallèles à l'équateur : la ligne de 0° passe au cap Nord, ainsi que dans le N. de l'Islande, et descend en Russie au S. de la mer Blanche, c'est-à-dire s'éloigne beaucoup du pôle à mesure qu'elle s'avance à l'E.

La ligne de + 5° passe par Trondhiem, au N. de Christiania, à Stockholm, au S. de Saint-Pétersbourg et de Moscou : elle montre qu'il fait bien plus froid dans l'intérieur du continent que sur la côte O. de la Norvège.

La ligne de + 10° parcourt le S. de l'Irlande, de l'Angleterre, des Pays-Bas, l'Allemagne centrale, la Bohême, la Hongrie, et va atteindre la Crimée, bien loin au S. de la latitude de l'Irlande. Elle passe à peu près par Dublin, Londres, Amsterdam, Prague, Bucarest; il fait donc plus froid à l'E. qu'à l'O., dans toute la partie moyenne de l'Europe. Remarquons cependant que les lignes isothermes indiquent seulement la température moyenne de l'année. Les parties orientales de l'Europe, c'est-à-dire de l'intérieur du continent, n'en ont pas moins des étés plus chauds que les parties occidentales, mais les hivers sont aussi beaucoup plus rigoureux : l'Océan adoucit remarquablement la température.

La ligne de + 15° passe par le N. de l'Espagne, le S. de la France, le N. de l'Italie et dans la Turquie moyenne.

La ligne isotherme de + 20° touche seulement l'extrémité S. O. de l'Europe.

La température varie ensuite considérablement avec les altitudes : il fait de plus en plus froid à mesure qu'on s'élève au-dessus du niveau de la mer. Chaque chaîne de montagnes a ses lignes isothermes particulières. Vers la région moyenne de l'Europe (dans les Alpes), la ligne des neiges perpétuelles se trouve vers 2600 mètres.

Les vents dominants dans l'O. de l'Europe sont ceux du S. O. et de l'O., qui viennent de l'Atlantique, et sont humides, tempérés, chargés de vapeurs et pluvieux.

Les vents du N. et du N. E. sont assez fréquents aussi, surtout dans la partie orientale de notre partie du monde ; ils sont froids et généralement secs.

La pluie est plus abondante sur les côtes de l'Océan et

dans les Alpes que partout ailleurs en Europe; elle est de 60 à 70 centimètres sur les côtes de l'Irlande, de la France, de l'Angleterre, de 1 mètre à Bergen, en Norvège; de 1 à 2 mètres dans les Alpes; de 55 centimètres à Paris, de 40 centimètres en Champagne. L'Europe occidentale reçoit beaucoup plus de pluie que l'Europe orientale.

Productions. — Il y a, dans un grand nombre de pays d'Europe, de riches mines de fer, particulièrement en Scandinavie, en Angleterre, en Allemagne, en France ; le cuivre se trouve surtout dans la péninsule Scandinave, en Angleterre, en Espagne et aux monts Ourals ; l'étain, dans la Grande-Bretagne ; l'or, aux monts Ourals et aux monts Carpathes; le platine, dans les monts Ourals; l'argent, le plomb, en Allemagne, en France, en Espagne, en Angleterre; le mercure, en Espagne, en Illyrie; le zinc, en Belgique, en Allemagne, en Espagne.

Le soufre est fourni par l'Italie, par les îles qui l'environnent et par l'Islande. L'ambre jaune se recueille aux bords méridionaux de la Baltique. Le charbon de terre abonde dans la Grande-Bretagne et vers les bords de l'Escaut, de la Meuse, du Rhin, etc. La tourbe est commune dans toutes les parties basses des régions moyennes de l'Europe.

Les principaux arbres fruitiers sont les pommiers, les poiriers, les pruniers, les abricotiers, les pêchers, qui peuplent presque partout les vergers, surtout dans les régions moyennes.

Les châtaigniers et les noyers sont répandus dans les mêmes régions.

Le cerisier est aussi un des arbres européens les plus communs et les plus intéressants: il s'avance fort loin vers le nord.

Les orangers, les citronniers, les cédratiers, les limoniers, les oliviers, les grenadiers, les figuiers, les amandiers, enrichissent de leurs produits les régions méridionales.

Les bois de construction sont surtout des chênes, des ormes, des frênes, des hêtres, des peupliers, des mélèzes, des pins, des sapins. — Les pins, les bouleaux, les trembles, les sorbiers, les saules, les aunes, sont les arbres qui s'avancent le plus au N. : on les trouve, quoique chétifs, jusqu'au 60e degré de latitude. Les sapins s'arrêtent au 67e degré ; les chênes, les frênes, les hêtres, les tilleuls, au 62e ; les peupliers, au 60e ; le fruit du châtaignier ne mûrit pas au delà du 51e. L'olivier ne dépasse pas le 44e degré ; l'oranger ne va que jusqu'à 43 degrés et demi.

Les céréales et les pommes de terre sont les principaux objets de la culture. Le blé ou froment ne dépasse pas, au N., le 62e degré de latitude ; le seigle va jusqu'au 64e ; l'orge et l'avoine s'avancent jusqu'au 68e. Le riz ne se trouve que vers le midi. Le maïs abonde aussi dans le midi, mais s'avance au nord bien plus loin que le riz, sans aller, à beaucoup près, aussi loin que le blé.

Le houblon, qui, avec l'orge, sert à fabriquer la bière, est l'objet d'une grande culture dans le N. et les régions médio-septentrionales (Angleterre, Allemagne, Bohême, Belgique, nord de la France).

La vigne tapisse les coteaux des régions méridionales et centrales. Elle ne dépasse pas, sur la côte de l'Océan, le 47e degré et demi. Dans l'intérieur du continent, elle s'avance jusqu'au delà du 51e ; car, dans l'intérieur, les étés sont plus chauds, et, par conséquent, plus propres à mûrir les raisins, ainsi que divers autres fruits.

Les principaux légumes sont les navets, les carottes, les pois, les haricots, les fèves, les raves, les choux, qui se cultivent abondamment dans les régions moyennes et septentrionales. La betterave, qui sert surtout à la fabrication du sucre et à la nourriture du bétail, est produite principalement par la France, l'Allemagne, l'Autriche, la Belgique, la Russie.

Le cotonnier et la canne à sucre se rencontrent au sud.

Le lin et le chanvre sont les principaux végétaux propres à faire des tissus ; ils abondent surtout en Russie.

Le safran et la garance sont les principales plantes à teinture.

Les principales plantes oléagineuses, après l'olivier, sont le colza, la navette, l'œillette (pavot), qui abondent surtout dans les régions moyennes (France, Allemagne). Les huiles de lin et de chanvre se font particulièrement en Russie.

Le tabac se cultive dans beaucoup de pays, mais spécialement en Russie, en Roumanie, en Hongrie, en Turquie, en Allemagne, en Suisse.

Parmi les animaux domestiques, le cheval, le bœuf, l'âne, le mouton, la chèvre, le chien, le chat, sont à peu près communs à toutes les contrées de l'Europe; le renne est particulier aux régions les plus septentrionales; le chameau ne se montre qu'au S. E.

Les principaux quadrupèdes sauvages sont le sanglier, l'ours, surtout dans les hautes montagnes, le loup, le cerf, le chevreuil, le daim, le renard, le lièvre, le lapin, le blaireau, l'écureuil, qui se trouvent dans presque toute l'Europe; — la marmotte, le chamois, communs dans les Alpes; — le lynx, la loutre, le castor, le chat sauvage, les martres, qui habitent plus particulièrement dans les contrées du N.; — le buffle, le bouquetin, le porc-épic, qui se rencontrent vers le S.; le chacal, qu'on ne voit qu'au S. E.

Parmi les plus gros oiseaux que possède l'Europe, on peut nommer l'aigle, le faucon, le vautour, le cygne, la grue, la cigogne, le héron, le pélican.

Les plus jolis sont le martin-pêcheur, le jaseur, le guêpier, le chardonneret. Parmi ceux qui chantent le plus agréablement, il faut citer le rossignol, le pinson, le serin, qui ne se trouve sauvage que dans le S.: parmi les migrateurs, l'hirondelle, la caille.

Parmi les reptiles, on n'a guère à redouter que la vipère. La couleuvre est fort commune.

Les poissons d'eau douce sont principalement les brochets, les carpes, les tanches, les perches, les truites. Les esturgeons remontent les grands fleuves de l'E. Dans la mer, on pêche surtout des maquereaux, des sardines, des anchois, des merlans, des soles, des turbots, des limandes, des raies, des thons, des harengs: ces derniers sortent de l'océan Glacial au printemps et se répandent par légions innombrables sur les côtes occidentales.

Parmi les mollusques, il faut citer les huîtres, abondantes

presque partout, et, dans la Méditerranée seulement, les jolis argonautes papyracés, les sépias, si utiles par leur couleur, et les pinnes, qui donnent une très belle soie.

Les principaux crustacés sont les écrevisses, dans les eaux douces, et les homards, dans les eaux marines.

La classe des arachnides offre, dans le S., le redoutable scorpion. — Dans celle des annélides, on distingue la sangsue, si utile en médecine.

Les insectes les plus intéressants sont le ver à soie, particulier aux régions méridionales, et l'abeille, répandue presque partout.

Un des polypes les plus importants est l'éponge, qu'on rencontre surtout dans les parties orientales de la Méditerranée.

ÉTATS DE L'EUROPE[1]

(MOINS LA FRANCE)

ILES BRITANNIQUES

Les ILES BRITANNIQUES, qu'on appelle également *Royaume-Uni de Grande-Bretagne et d'Irlande*, ou royaume de *Grande-Bretagne*, d'après la plus étendue de ces îles, sont situées au N. O. de la France, dont elles sont séparées par la *Manche* et par le *Pas-de-Calais*. L'océan Atlantique les baigne à l'O. et au N., et il forme à l'E., entre ces îles et le Danemark, la mer du *Nord* ou d'*Allemagne*. Elles sont comprises entre 50° et 61° de latitude N.

Les deux principales îles Britanniques sont la *Grande-*

1. La Géographie politique est l'objet principal de cette partie de l'ouvrage ; mais, en même temps, nous donnerons un aperçu général de l'aspect physique de chaque contrée.

Bretagne, à l'E., et l'*Irlande*. à l'O. Elles sont séparées l'une de l'autre par la mer d'*Irlande* et par les détroits assez larges qu'on appelle *canal Saint-George* et *canal du Nord*.

La **Grande-Bretagne,** très allongée du N. au S., est découpée à l'O. par de nombreuses échancrures, et généralement escarpée de ce côté, mais offre à l'E. des côtes basses et assez régulières. Elle comprend trois pays: l'**Angleterre**, le pays de **Galles** et l'**Écosse.**

L'**Angleterre** (en anglais *England*) forme la partie méridionale de l'île. Elle est entrecoupée de beaux pâturages, de champs bien cultivés, et possède de riches mines de houille, de fer, d'étain, de plomb, de cuivre. Elle renferme au N. les montagnes du *Pic*, la chaîne *Pennine* et les monts *Cumbriens*, riches en sites pittoresques; elle est arrosée par la *Tamise* au S. E., l'*Humber* au N. E., la *Mersey* au N. O., et la *Severn* (qui se jette dans le *canal de Bristol*) au S. O. — Un grand nombre de canaux et de chemins de fer la traversent dans tous les sens; les arts, le commerce et l'industrie y sont partout florissants.

Les villes principales sont:

Au N., **Newcastle** (150 000 h.), célèbre par ses mines de charbon de terre; **York**, très ancienne; **Hull** (155 000 h.), port très commerçant, à l'embouchure de l'Humber; **Sheffield** (300000 h.); **Leeds** (310000 h.), villes industrielles; **Manchester** (520000 h., en y comprenant *Salford*), fameuse par ses nombreuses manufactures; **Liverpool** (550000 h.), port célèbre, à l'embouchure de la Mersey.

Au milieu, **Birmingham** (400 000 h.), renommée par ses manufactures d'armes; *Nottingham*, *Leicester*, *Norwich*, par leurs tissus; **Oxford** et **Cambridge**, avec des universités célèbres.

Au S., **Londres** (en anglais *London*), grande et belle ville, sur la Tamise, capitale de l'Angleterre et de tout le royaume des îles Britanniques, et peuplée de 4 millions d'habitants; *Greenwich*, sur le même fleuve, avec un obser-

Londres — Vue prise devant la banque.

vatoire important, où les Anglais font passer le premier méridien; *Douvres*, sur le Pas-de-Calais, en face de la ville française de Calais; **Brighton**, sur la Manche; **Portsmouth**, **Southampton** et **Plymouth**, ports de mer fameux, aussi sur la Manche; *Exeter*, près de la même mer; **Bristol** (210000 habitants), port riche par son commerce, vers le golfe de ce nom; *Bath*, avec des eaux minérales célèbres.

Le pays de **Galles** (*Wales*), à l'O. de l'Angleterre, est couvert de montagnes (monts *Cambriens*) et peu fertile. Il se divise en *Galles du Nord* et *Galles du Sud*; ses plus grandes villes sont **Merthyr-Tydvil** au milieu de riches mines de houille et de fer, *Cardiff* et *Swansea*.

L'**Écosse** (*Scotland*) occupe le N. de la Grande-Bretagne. Elle a, au centre et au N., des montagnes arides et sauvages, dont les plus remarquables sont les monts *Grampians*; au S., elle présente des plaines et des vallées agréables et fertiles, séparées de l'Angleterre par les monts *Cheviot*, et arrosées à l'E. par le *Forth*, à l'O. par la *Clyde*. Elle est parsemée de lacs, dont le plus important est le lac *Lomond*, à l'O. — Les villes principales sont **Edimbourg** (en anglais *Edinburgh*), capitale de l'Écosse (230000 habitants); *Leith*, qui lui sert de port; **Glasgow**, la ville la plus peuplée de ce pays (515000 habitants) et la plus importante par ses manufactures; *Dundee* et *Aberdeen*, deux ports de la côte orientale; *Greenock*, port de la côte occidentale; *Paisley*, aussi à l'O., ville manufacturière.

L'**Irlande** (*Ireland*) a un climat humide et un sol fertile, mais marécageux sur plusieurs points, et entrecoupé de lacs, dont les plus remarquables sont les lacs *Erne* et *Neagh*, au N., et ceux de *Killarney*, au S. O. Elle est traversée par le *Shannon*, qui forme beaucoup de lacs et se jette dans l'Atlantique, sur la côte O. de l'île, par un large estuaire.

L'île est partagée en quatre provinces : au N., l'**Ulster**, où se trouvent la ville de *Londonderry* et celle de **Belfast**, port très florissant (210000 habit.) ; — à l'E., le **Leinster**, où l'on voit **Dublin** (340000 hab.), capitale de l'Irlande, dans une magnifique position, au fond d'une vaste baie, et *Kilkenny*, très jolie ville ; — au S.; le **Munster**, où sont **Cork**, remarquable par son port et son commerce ; **Limerick**, port vers l'embouchure du Shannon, et *Waterford*, autre port sur la Suir ; — enfin, à l'O., le **Connaught**, dont la plus grande ville est *Galway*, sur une baie de même nom.

L'Angleterre est divisée en 40 *comtés;* le pays de Galles, en 12; l'Ecosse, en 33 ; l'Irlande, en 32.

Plusieurs petites îles sont répandues autour des deux grandes îles Britanniques. Les plus remarquables sont les **Orcades** ou **Orkney**, situées près et au N. de l'Écosse, sous un climat humide ; — les îles **Shetland**, rocailleuses et stériles, au N. E. des Orcades ; — les **Hébrides**, montagneuses et d'un aspect sauvage, à l'O. de l'Ecosse ; — l'île de **Man**, au centre de la mer d'Irlande ; **Anglesey**, fertile et agréable, au N. O. du pays de Galles ; — les îles **Sorlingues** ou **Scilly**, vers le cap *Land's End* (c'est-à dire fin de la terre), qui forme l'extrémité S. O. de l'Angleterre ; — l'île de **Wight**, située dans la Manche, et que son climat très doux et son bel aspect ont fait surnommer le *Jardin* de l'Angleterre.

Les îles **Anglo-Normandes**, d'un climat très doux aussi, dans la Manche, près des côtes de France, appartiennent également au royaume des îles Britanniques. Les principales sont *Jersey*, *Guernesey* et *Aurigny*.

Les îles Britanniques ont un gouvernement monarchique : le pouvoir du *roi* ou de la *reine* (car les reines peuvent régner dans cet État) est limité par le *Parlement*, qui se compose de deux assemblées : l'une est la *Chambre des pairs* ou *des lords*, dont les membres sont héréditaires ou choisis par le souverain ; l'autre est la *Chambre des communes*, dont les membres sont élus par le peuple.

Ces îles renferment 36 millions d'habitants. Tout l'empire Britannique, avec les grandes possessions qu'il a hors d'Europe, en comprend plus de 240 millions.

La religion dominante en Angleterre est la religion *anglicane*, qui est une division du protestantisme ; elle considère le souverain comme chef suprême de l'Église, et a des archevêques (à Cantorbéry, à York) et des évêques. En Écosse, règne la religion *presbytérienne*, qui n'admet ni chef de l'Église, ni évêques. Enfin, les Irlandais sont la plupart catholiques.

28000 kil. de chemins de fer.

Colonies et puissance extérieure. — Outre les îles Britanniques, la Grande-Bretagne possède, en Europe, *Gibraltar*, les trois îles de *Malte* et l'île de *Helgoland*. — En Asie, elle a la plus grande partie de l'*Hindoustan*, *Ceylan*, une partie de l'*Indo-Chine*, avec les îles *Andaman*, *Nicobar*, de *Poulo-Pinang* et de *Singapour;* l'île de *Hong-kong*, en Chine; *Aden* et l'île de *Périm*, dans l'Arabie; l'île de *Chypre*. — En Afrique, les colonies du *Cap* et de *Natal*, l'île *Maurice*, les *Seychelles*, *Sainte-Hélène*, l'*Ascension;* la côte de *Sierra-Leone;* *Elmina*, *Lagos* et d'autres points de la *Guinée supérieure;* la colonie de la *Gambie*. En Amérique, le *Canada*, la *Nouvelle-Écosse*, le *Nouveau-Brunswick* et d'autres régions des parties boréales de l'Amérique du Nord ; *Terre-Neuve* et d'autres îles près du golfe de Saint-Laurent ; la *Guyane anglaise*, le *Yucatan anglais*, les îles *Bermudes*, la *Jamaïque*, les *Lucayes*, et plusieurs des *Petites Antilles* (la *Dominique*, *Sainte-Lucie*, la *Barbade*, la *Trinité*, etc.). — Dans l'Océanie, l'*Australie* (divisée en *Nouvelle-Galles méridionale*, *Victoria*, etc.), la *Tasmanie*, la *Nouvelle-Zélande* et plusieurs autres îles du grand Océan. (Ces terres océaniennes forment ce que les Anglais appellent leurs possessions d'*Australasie*).

BELGIQUE

La Belgique, comprise dans les bassins de la *Meuse* et de l'*Escaut*, est bordée au N. par le royaume des Pays-Bas ; à l'E., par le même royaume, celui de Prusse et le grand-duché de Luxembourg ; au S. O., par la France, et à l'O. par la mer du Nord. Sa latitude moyenne est au 50e degré et demi.

Elle est agréablement parsemée de champs bien cultivés, de pâturages, de forêts. Elle possède de riches mines de houille, de fer et de zinc. C'est, en général, un pays de plaines, cependant il y a au S. E. quelques montagnes, dont les plus remarquables sont celles des *Ardennes*.

On y trouve les provinces de *Flandre occidentale*, *Flandre orientale*, *Anvers*, *Brabant méridional*, *Limbourg belge*, *Liège*, *Namur*, *Hainaut* et *Luxembourg belge*.

Les villes les plus importantes sont : **Bruxelles** (près de 400 000 h., avec ses annexes), capitale du royaume (près de là est le village de *Waterloo*, fameux par une bataille en 1815) ; **Bruges**, *Ostende*, **Gand**, **Anvers**, port célèbre sur l'Escaut ; **Malines**, **Liège**, *Verviers*, **Namur**, **Mons**, *Tournai*. Dans le voisinage de ces trois dernières villes, on voit plusieurs lieux illustrés par des victoires des Français ; ce sont particulièrement *Fleurus*, *Fontenoy*, *Jemmapes*.

Le gouvernement est monarchique. Le pouvoir du roi est limité par le Sénat et la Chambre des représentants.

La population de ce royaume est de 5 600 000 âmes.

On y parle généralement le français. Cependant le flamand est fort répandu à l'O.

4200 kil. de chemins de fer.

PAYS-BAS

Le royaume des PAYS-BAS, de NÉDERLANDE ou NÉERLANDE, que souvent aussi on appelle *Hollande*, du nom de sa principale province, est borné au N. et à l'O. par la mer du Nord, à l'E. par l'Allemagne, au S. par la Belgique. La latitude moyenne est au 52e degré.

Le sol est bas, humide, exposé aux inondations de la mer et des fleuves, et entrecoupé de canaux et de digues innombrables. Cette contrée renferme le profond golfe de *Zuiderzée*, qui s'est formé au treizième siècle. Le *Rhin* et la *Meuse* la parcourent de l'E. à l'O., et s'y divisent en plusieurs branches. L'*Escaut* s'y jette dans la mer, au S. O., par deux larges embouchures.

Les Pays-Bas ont formé pendant longtemps une république sous le nom de *Provinces-Unies*, et ensuite sous celui de *république Batave*. Ils comprennent les provinces de *Hollande septentrionale, Hollande méridionale, Utrecht, Zélande, Brabant septentrional, Gueldre, Over-Yssel, Frise, Drenthe, Groningue, Limbourg hollandais*.

On remarque, dans ce royaume, de nombreuses villes florissantes, comme **Amsterdam** (350 000 hab.), la capitale, fameuse par son port et son commerce, et située sur l'Y, bras du Zuider-zee; *Harlem*, près de l'emplacement d'un lac de même nom, qui a été desséché; **Leyde**, connue par ses draps; **la Haye** (130 000 hab.), belle ville, agréablement située, résidence du roi et qui est comme la seconde capitale du royaume; **Rotterdam** (160 000 hab.), port très commerçant, sur la Meuse : **Utrecht**, célèbre par deux traités; *Bois-le-Duc*, **Nimègue** (traité de 1678-1679), *Groningue*, *Maestricht*, célèbre place forte.

Le gouvernement est monarchique. Le pouvoir du roi est limité par deux chambres, qui prennent le nom d'États généraux.

Les habitants, au nombre d'environ 4 millions, professent presque tous le *calvinisme*, une des branches de la religion protestante. Ils parlent généralement le hollandais.

Les Pays-Bas ont d'importantes colonies hors d'Europe. Les principales sont : en Amérique, la *Guyane hollandaise*, *Saint-Eustache*, *Curaçao* et quelques autres Antilles; — dans l'Océanie, *Java*, plusieurs autres îles de la *Sonde* (entre autres, une partie de *Sumatra*), de grandes parties de *Bornéo*, les *Célèbes*, les *Moluques*. Les possessions océaniennes sont de beaucoup les plus importantes.

La population de toutes les colonies néerlandaises est de plus de 25 millions d'habitants.

Chemins de fer : 2000 kil.

GRAND-DUCHÉ DE LUXEMBOURG

Le grand-duché de LUXEMBOURG, qui est sous la souveraineté du roi des Pays-Bas (sans faire partie du royaume des Pays-Bas), forme un pays neutre entre la Belgique, la France et la Prusse.

Les montagnes des *Ardennes*, couvertes de forêts, occupent une grande partie du territoire du grand-duché. La *Moselle* et la *Sauer* en forment la limite orientale.

La population est de 200000 habitants. Elle parle généralement le français et l'allemand.

La capitale est **Luxembourg**.

MONARCHIE SCANDINAVE

OU

SUÈDE ET NORVÈGE

La SUÈDE et la NORVÈGE sont deux royaumes réunis sous *un seul monarque*, et sont comprises dans la vaste presqu'île de la *Scandinavie*, qui est la partie la plus septentrionale de l'Europe continentale (entre 55° et 71° de latitude). Cette presqu'île est baignée : au N., par l'océan Glacial arctique ; à l'O., par l'océan Atlantique ; au S. O., par le Skager-Rak, le Cattégat et le Sund ; à l'E. et au S., par la mer Baltique. Au N. E., elle tient à la Russie, vers laquelle elle a pour limite le fleuve *Torneä*.

La Suède et la Norvège sont séparées l'une de l'autre par la chaîne des monts *Dofrines* ou *Alpes Scandinaves*. Le *Dal-elf*, qui coule à l'E. et se jette dans le golfe de Botnie, est le plus long fleuve de la presqu'île. Le *Luleä*, autre tributaire de ce golfe, forme une magnifique cataracte.

La **Suède** (en suédois *Svea-Rige*) est assez fertile au S., mais stérile au N. ; elle est pleine de lacs et entrecoupée de nombreuses rivières. Elle possède de riches mines de fer et de cuivre, et de précieuses forêts de sapins.

Elle renferme, dans la région du nord, c'est-à-dire dans le *Nordland*, une portion de la *Laponie*, pays triste et froid, dont les habitants sont remarquables par leur petite taille. Elle contient encore, vers le N., une partie de la *Botnie*, dont la Russie occupe le reste.

Au milieu, la *Suède propre* comprend l'ancienne province de *Dalécarlie*, célèbre par ses mines de cuivre ; — la ville de **Stockolm** (185000 hab.), capitale du royaume, située agréablement sur le lac *Mœlar*, près de la mer Baltique ; — et la ville d'**Upsal**, connue par son université.

Au S., s'étend la grande province de *Gothie*, qui est baignée par les lacs *Venern* et *Vettern*, unis par le canal de Gœtha, et dont la plus importante ville est **Gothembourg** ou **Gœtheborg**, port, au S. O., à l'embouchure de la rivière Gœtha.

Dans la mer Baltique, à l'E. de la Gothie on trouve les îles de *Gottland* et d'*Œland*, qui ont des forêts et des prairies.

La **Norvège** (en danois *Norge*) est partout hérissée de montagnes, tontôt arides ou couvertes de glaciers, tantôt revêtues de grandes forêts de pins et de sapins. Elle est parsemée de lacs et traversée par de nombreuses rivières qui forment de belles cascades. Ses côtes, remplies de rochers, sont découpées par une infinité de golfes profonds ou *fiords*. Le climat, quoique beaucoup plus doux que dans les autres pays d'Europe placés à la même latitude, a des parties très froides au N., dans la *Laponie norvégienne*, où l'on ne voit croître qu'une herbe maigre, des lichens, de la mousse ; il s'y trouve un animal très utile, le renne.

La capitale de la Norvège est **Christiania** (75000 hab.), dans le S., au fond d'un golfe de même nom. — La seconde ville du royaume est **Bergen**. — On remarque aussi **Trondhiem**.

Près et au N. O. de la Norvège, on voit les nombreuses îles *Lofoden*, rocailleuses et stériles, près desquelles on fait une grande pêche de morue. Au N. E. est le cap *Nord* (à

71° de latitude), qui forme l'extrémité septentrionale de la Norvège et de l'Europe.

On peut considérer comme une annexe de la Norvège l'archipel très froid et inhabité du *Spitzberg*, situé assez loin au nord de ce pays.

L'autorité du roi de la monarchie scandinave est limitée par des *diètes* (assemblées), deux pour la Suède, une pour la Norvège.

Quoiqu'elle soit beaucoup plus grande que la France, cette monarchie ne renferme que 6 300 000 hab. (4 500 000 pour la Suède, 1 800 000 pour la Norvège), divisés en *Suédois*, *Norvégiens*, *Finnois* et *Lapons*. On parle deux langues principales : le suédois, et, en Norvège, le danois. La religion est le luthéranisme. La langue des Lapons est un dialecte finnois.

La Suède possédait, aux Antilles la petite île de *Saint-Barthélemy*, qu'elle vient de céder à la France.

7000 kilomètres de chemins de fer.

DANEMARK

Le **Danemark** est composé de deux parties distinctes : l'*archipel Danois*, et le nord de la *presqu'île Cimbrique*.

Les principales îles de l'archipel se trouvent entre la Baltique, au S., et le Cattégat, au N. Les deux plus grandes sont : **1° Seeland**, agréable, fertile, et séparée de la Suède, à l'E., par le *Sund ;* elle renferme la belle ville maritime de **Copenhague**, en danois *Kiœbenhavn* (270000 hab.), capitale du roy., et le port commerçant d'*Elseneur*. — 2° **Fionie**, qui se trouve entre le détroit du *Grand-Belt*, à l'E., et celui du *Petit-Belt*, à l'O.; **Odense** en est le chef-lieu.

La partie danoise de la presqu'île Cimbrique comprend le **Jutland**, qui s'avance en pointe au N., vers le Skager-Rak, et qui est baigné à l'O. par la mer du Nord, à l'E. par le Cattégat. La plus grande ville est *Aarhus* (25 000 h.).

La population du Danemark est de 2 millions d'habitants.

L'**Islande**, en danois *Island* (terre de glace), située au N. O. des îles Britanniques, dans l'océan Atlantique et un peu dans l'océan Glacial, bien loin du Danemark, fait partie de ce royaume. Elle est couverte de montagnes escarpées, stériles, continuellement revêtues de neige et de glace, et dont plusieurs sont des volcans. La plus célèbre de ces montagnes est l'*Hekla*, sur la côte méridionale.

Au S. E. de l'Islande, est le groupe des îles *Færœer*, qui dépend aussi du Danemark.

Le **Groënland**, en Amérique, appartient également à ce royaume, de même que les îles *Sainte-Croix*, *Saint-Thomas* et *Saint-Jean*, dans les *Petites Antilles*.

Le gouvernement est une monarchie. Le pouvoir du roi est limité par le Parlement (*Rigsdag*).

La religion des Danois est généralement le luthéranisme.

1500 kilomètres de chemins de fer.

ALLEMAGNE

L'**Allemagne** (en allemand *Deutschland*) est une vaste contrée située au centre de l'Europe, à l'E. de la France, de la Belgique et des Pays-Bas, au N. de la Suisse et de l'empire Austro-Hongrois, à l'O. de l'empire Austro-Hongrois et l'empire Russe.

Elle est baignée au N. par la mer du Nord et la mer Baltique. Ailleurs, ses frontières naturelles sont : à l'O., les Vosges, du côté de la France; au S., le Rhin, du côté de la Suisse, et des rameaux des Alpes, vers l'empire Austro-Hongrois ; à l'E., l'Inn, les monts du Bœhmer-wald, de l'Erz-Gebirge, du Riesen-Gebirge, vers le même empire ; ensuite les limites orientales, vers l'empire Russe, passent vaguement à travers des plaines. — Latitude : de 47° à 56° N.

L'Allemagne est, vers le S., couverte par les *Alpes ;* — au S. O., par les montagnes de la *Forêt Noire ;* — au centre, par les montagnes des *Pins* (*Fichtel-Gebirge*) et celles de la *Thuringe* (*Thüringer-Wald*) ; à l'E., par les montagnes du *Bœhmer-Wald* (*forêt de Bohême*), par celles de l'*Erz-Ge-*

birge (*montagnes des mines*) et par le *Riesen-Gebirge* (*monts des Géants*); — à l'O., par les *Vosges* et les monts *Eifel*.

Au N., elle renferme les montagnes du *Harz*, renommées par leurs mines; mais elle offre aussi, dans cette partie, de vastes plaines marécageuses et froides.

De grands fleuves tributaires de la mer du Nord, arrosent l'O. et le centre de l'Allemagne. Ce sont : le *Rhin*, qui s'y grossit du *Necker*, du *Main*, de la *Moselle*, de la *Lahn* et de la *Lippe*; — l'*Ems*, qui a son embouchure dans la baie de *Dollart*; — l'*Iade*, qui se jette dans la baie de même nom; — le *Weser*, qui se forme par la réunion de la *Werra* et de la *Fulde*, et qui a un large estuaire; — l'*Elbe*, qui reçoit la *Mulde* et la *Saale*, et a aussi une large embouchure.

Au N. E., cette contrée est traversée par l'*Oder*, qui se rend dans la mer Baltique, en s'épanchant dans un golfe intérieur nommé *Pommersches-Haff*; — par la *Vistule* et le *Niémen*, aux embouchures desquels sont les lagunes appelées *Frisches-Haff* et *Curisches-Haff*.

Au S., coule le *Danube*, qui s'augmente de l'*Isar* et de l'*Inn* et qui va, bien loin de l'Allemagne, se jeter dans la mer Noire.

On compte 45 millions d'habitants dans l'Allemagne. Ceux du S. sont généralement catholiques, et ceux du N. luthériens et calvinistes.

L'Allemagne a formé la *confédération Germanique*, de 1815 à 1866. Elle a constitué, après cette dernière époque, deux parties distinctes : la *confédération de l'Allemagne du Nord*, ayant pour État principal la Prusse; et les *États de l'Allemagne du Sud* (Bavière, Würtemberg, etc.). — En 1871, ces deux parties se sont fondues en un seul ensemble, qui a pris le nom d'*empire d'Allemagne*, et a reconnu le roi de Prusse pour empereur. Un parlement (*Reichstag*), siégeant à Berlin, représente toute la nation allemande. — Nous allons examiner séparément les divers États de cet empire.

PRUSSE

La Prusse, qui s'est composée longtemps de deux parties séparées par divers États de l'Allemagne, forme depuis 1866 un territoire compact et ininterrompu, qui s'étend de l'E. à l'O. depuis la Russie jusqu'à la France; et du N. au S. depuis la mer Baltique et la mer du Nord jusqu'aux monts des Géants, du côté de l'Autriche, et au Main du côté de la Bavière et du grand-duché de Hesse.

On peut la partager en deux divisions générales : les *anciennes provinces* et les *provinces nouvellement annexées.*

Les anciennes provinces sont au nombre de huit, dont deux, à l'E., vers la Russie, ne sont pas réellement allemandes, mais slaves et lettonnes : l'une est la province de *Prusse* (divisée en *Prusse orientale* et *Prusse occidentale*); l'autre, la province de *Posen.* Elles sont basses, marécageuses et parsemées de lacs, dont les plus grands sont le *Curisches-Haff* et le *Frisches-Haff*, près de la Baltique; on y voit couler le *Niémen* et la *Vistule.*

Au milieu, on trouve les provinces de *Poméranie*, de *Brandebourg*, de *Saxe* et de *Silésie*, qui sont allemandes de langue généralement, et slaves sur quelques points. Les deux premières sont plates, humides et entrecoupées d'un grand nombre de lacs; les autres présentent quelques montagnes, abondent en gras pâturages, et sont riches en minéraux. L'*Oder* (qui reçoit la *Warthe*) et l'*Elbe* (qui se grossit du *Havel*, augmenté lui-même de la *Sprée*) arrosent cette partie du royaume de Prusse.

A l'O., s'étendent les provinces de *Westphalie* et du *Rhin*, qui sont allemandes en général et wallonnes sur une petite étendue. Elles touchent aux Pays-Bas, à la Belgique et à la France; leur sol est agréablement varié de collines et de vallées fertiles; elles sont arrosées par le *Weser*, le *Rhin* et la *Moselle.*

Les plus grandes villes des anciennes provinces sont :

A l'E., **Kœnigsberg** (140 000 h.), sur le Pregel; —

Berlin. — Statue de Frédéric II.

Dantzick ou **Danzig**, sur un golfe du même nom, vers l'embouchure de la Vistule, avec un port très fréquenté.

Au milieu, **Berlin**, capitale de la Prusse et de toute l'Allemagne, sur la Sprée, avec 1 120 000 habitants; — **Potsdam**, dans une position agréable, sur le Havel, avec de célèbres châteaux royaux; — **Brandebourg**, ville industrielle, qui a donné son nom à la province située au cœur du royaume; — *Francfort-sur-l'Oder*, qui a des foires renommées; **Magdebourg**, place forte sur l'Elbe; *Halle*, fameuse par son université; — **Breslau**, deuxième ville du royaume par sa population (280 000 h.), sur l'Oder; — **Stettin**, le port le plus commerçant de la Prusse, aussi sur l'Oder. — *Stralsund*, sur la Baltique, en face de l'île de Rügen.

A l'O., *Münster*, connue par le traité de 1648; — **Cologne** (145 000 h.), sur le Rhin, remarquable par son antiquité, son agréable situation, son grand commerce; — *Düsseldorf*, belle ville, sur le Rhin; — *Elberfeld*, *Barmen*, *Essen*, fameuses par leur industrie; — **Aix-la-Chapelle**, célèbre par ses eaux thermales, et surtout parce qu'elle fut la résidence de Charlemagne; — **Coblentz**, au confluent de la Moselle et du Rhin; — **Trèves**, très ancienne ville, sur la Moselle.

Parmi les anciennes possessions, il faut encore nommer le pays de *Hohenzollern*, dans le S. de l'Allemagne, et le petit territoire de l'*Iade*, enclavé dans l'Oldenbourg.

Les PROVINCES NOUVELLEMENT ANNEXÉES sont :

La province *Slesvig-Holstein*, formée d'anciens duchés qui appartenaient au Danemark, dont ils ont été détachés en 1864.

La province de *Hanovre* (formée de l'ancien royaume du même nom), et celle de *Hesse-Nassau* (formée surtout des anciens États de Hesse Électorale et de Nassau).

Il faut y ajouter le duché de *Lauenbourg*, sur la rive droite de l'Elbe, enlevé au Danemark, et qui forme une division administrative séparée.

On remarque, dans ces provinces, comme villes principales :

Slesvig, *Flensbourg*, *Kiel*, **Altona**, *Rendsbourg*, dans la province de Slesvig-Holstein.

Hanovre (120 000 habit.), *Gœttingue*, fameuse par son université, *Osnabruck*, par le traité de 1648, et *Emden*, par son port, dans la province de Hanovre.

Cassel, *Wiesbaden*, **Francfort-sur-le-Mein** (128 000 h.), ancienne ville libre, importante par son grand commerce et par ses foires, dans la province de Hesse-Nassau.

La population de la Prusse est d'environ 27 millions d'habitants.

Le roi règne avec le concours de deux chambres : la Chambre des seigneurs et celle des députés.

La religion protestante dite évangélique (calvinisme et luthéranisme confondus) est professée par la majorité ; il y a aussi des catholiques, surtout à l'ouest. La langue allemande est parlée presque partout dans le royaume de Prusse ; cependant les langues polonaise et lettonne sont fort répandues dans les provinces les plus orientales, et la langue wende (une des langues slaves) dans la partie moyenne.

ROYAUME DE SAXE, DUCHÉS DE SAXE ET AUTRES ÉTATS DE THURINGE, ANHALT, GRANDS-DUCHÉS DE MECKLENBOURG, VILLES LIBRES, BRUNSWICK, WALDECK, LIPPE, OLDENBOURG.

Les États groupés autour de la Prusse dans le N. de l'Allemagne sont, en s'avançant de l'E. à l'O. : 1° le royaume de SAXE, arrosé par l'Elbe, et peuplé de 2 900 000 hab. ; — 2° les ÉTATS DE THURINGE, c'est-à-dire : les quatre duchés de *Saxe* (*Saxe-Weimar*, grand-duché ; *Saxe-Cobourg-Gotha*, *Saxe-Meiningen*, *Saxe-Altenbourg*) ; — les deux principautés de *Reuss* ; — les deux principautés de *Schwarzbourg* ; — 3° le duché d'ANHALT ; — 4° les deux grands-duchés de MECKLENBOURG ; — 5° les VILLES LIBRES DE HAMBOURG, de LUBECK et de BRÊME ; — 6° le duché de BRUNSWICK ; — 7° la principauté de WALDECK ; — 8° les deux principautés de LIPPE ; — 9° le grand-duché d'OLDENBOURG.

Voici les villes principales qu'on y remarque :

Dresde (220 000 hab.), capitale du royaume de Saxe, grande et belle ville, sur l'Elbe ; — **Leipzig** (dans le même royaume), célèbre par son université, ses foires, son commerce de livres et une bataille en 1813 ; — *Chemnitz.*

Weimar, Gotha et *Altenbourg*, les trois plus grandes villes des duchés de Saxe ; — *Iéna* (dans le grand duché de Saxe-Weimar) fameuse par son université et par une victoire des Français en 1806. — (Presque toutes les villes des duchés de Saxe se distinguent par une culture très avancée des lettres et des sciences.)

Dessau, capitale du duché d'Anhalt.

Schwerin, capitale du grand-duché de Mecklenbourg-Schwerin.

Hambourg (290 000 hab.), port très fréquenté, sur l'Elbe, et, après Berlin, la plus grande ville de l'Allemagne ; — **Lübeck**, port sur la Baltique, et **Brême**, port sur le Weser, deux autres villes très commerçantes, et désignées, avec Hambourg, sous le titre de villes *Hanséatiques* (c'est-à-dire alliées pour le commerce).

Brunswick, Oldenbourg, capitales des duchés de même nom.

BAVIÈRE, WURTEMBERG, BADE, GRAND-DUCHÉ DE HESSE, ALSACE-LORRAINE.

La BAVIÈRE est un royaume assez considérable, situé vers la partie la plus méridionale de l'Allemagne. Deux parties séparées composent cet État : la plus grande, à l'E. dans les bassins du Danube et du Main, comprend la *Bavière propre*, la *Franconie*, la *Souabe*, le *Haut-Palatinat* et les villes suivantes :

Munich, très belle ville, de 230 000 habitants, capitale de la Bavière, sur l'Isar ; — **Augsbourg**, sur le Lech, une des places les plus commerçantes de l'Allemagne ; — **Nuremberg**, où l'on a inventé les montres et les pendules, et où l'on fabrique beaucoup de mercerie, d'instruments de musique et de mathématiques, de jouets d'enfants, etc. ; — *Würzbourg*, sur le Mein ; — *Bamberg ;* — *Ratisbonne*, sur le Danube.

L'autre partie, à l'O., est le *cercle du Rhin*, la *Bavière rhénane* ou le *Bas-Palatinat*, avec les villes de *Spire*, sur le Rhin, de *Deux-Ponts* et de *Landau*.

La Bavière possède 5 300 000 habitants.

Le Wurtemberg est un joli royaume, très bien cultivé et très peuplé, sur le versant oriental de la Forêt-Noire, dans les bassins du Danube et du Necker. — **Stuttgart**, capitale; — *Ludwigsburg*, qui est souvent la résidence du roi; — *Ulm*, sur le Danube, fameuse par la prise qu'en firent les Français en 1805, en sont les villes principales. — Le royaume a 1 900 000 habitants.

Le grand duché de Bade (1 500 000 hab.) est renfermé entre la Forêt Noire et le Rhin; il touche, au S. E., au lac de Constance; — **Carlsruhe**, très jolie ville, est la capitale. — Autres villes : **Bade** (*Baden-Baden*), renommée par ses eaux minérales; — **Mannheim**, au confluent du Necker et du Rhin; — **Fribourg en Brisgau, Heidelberg**, célèbres par leurs universités; — *Constance*, vers l'endroit où le Rhin sort du lac de ce nom.

Le grand-duché de Hesse (900 000 hab.) est partagé en deux parties : la plus considérable est au S. du Main et sur le Rhin, et renferme : **Darmstadt**, capitale; — **Mayence**, ville forte, dans un pays fertile en vins renommés, au confluent du Rhin et du Main.

L'autre partie, au N. du Main, a pour ville principale *Giessen*.

Le gouvernement d'Alsace-Lorraine (1 560 000 hab.), (formé de territoires que la France a eu la douleur de perdre après une guerre contre l'Allemagne et qu'elle a cédés par le traité de 1871, comprend les anciens départements du Haut-Rhin (sauf le territoire de Belfort) et du Bas-Rhin, la plus grande partie de l'ancien département de la Moselle et environ le tiers de celui de la Meurthe. — **Strasbourg** 104 000 hab.) en est la capitale; **Metz, Mulhouse** et *Colmar* en sont ensuite les plus grandes villes.

Chemins de fer de l'Allemagne : 33 000 kil.

EMPIRE AUSTRO-HONGROIS

L'Empire Austro-Hongrois ou d'Autriche-Hongrie (en all. *Œsterreich-Ungarn*), qu'on appelait auparavant *empire d'Autriche*, est situé au centre de l'Europe, et touche, vers l'O., à l'empire d'Allemagne et à la Suisse; au S. O. à l'Italie. Au N. à l'Allemagne et à la Russie; à l'E. encore à la Russie. Au S., les monts Carpathes, le Danube et la Save le séparent de la Roumanie, de la Serbie et de la province turque de Bosnie; il est aussi borné de ce côté par l'*Adriatique*, dans laquelle il a un grand nombre d'îles, formant l'archipel *Dalmate-Illyrien*. — Latit. moy. : 48°.

Les parties les plus occidentales de l'empire sont habitées par des Allemands, et composent l'archiduché d'*Autriche* (divisé en *pays au-dessous de l'Enns* et *pays au-dessus de l'Enns*), le duché de *Salzbourg*, la *Carinthie* et le nord du *Tyrol*.

D'autres parties, aussi à l'O., la *Styrie* et la *Carniole*, ont une population mélangée d'Allemands et de Slaves.

Le S. du *Tyrol* et une région qui s'étend sur la côte N. de l'Adriatique sous le nom de *Littoral illyrien*, sont des pays italiens plutôt qu'allemands, et se trouvent dans le S.O. de l'empire.

Dans le N. O., sont la *Bohême*, la *Moravie*, et le duché de *Silésie*, pays surtout slaves : les Tchèques ou Bohêmes et les Slovaques en sont les principaux habitants. Cependant il y a aussi des Allemands.

Vers le centre et le sud-est, est le royaume de *Hongrie-Transylvanie*, habité par les Hongrois ou Magyars, par des Slaves (Slovaques et Ruthènes), et par des Roumains.

Au S., sont : 1° le royaume de *Croatie-Esclavonie*, y compris les anciens *Confins militaires*, maintenant organisés civilement; 2° le territoire de *Fiume ;* 3° la *Dalmatie*. Ces divisions sont peuplées par des Slaves (Croates, Esclavons, Serbes). Il y a aussi des Italiens en Dalmatie.

Au N. E., la *Galicie*, peuplée de Slaves, et la *Bukovine*, peuplée de Roumains.

Les *Alpes* couvrent le S. O. de l'empire. Les monts *Carpathes* s'étendent dans le N., le N. E. et le S. E. Entre ces deux grandes chaînes coule le *Danube*, qui se dirige du N. O. au S. E., en s'augmentant du *Vag*, de la *Theiss*; de l'*Inn*, de l'*Enns*, de la *Leitha*, de la *Drave* et de la *Save*. Il parcourt de vastes plaines, dont quelques-unes sont marécageuses. — L'*Elbe* arrose la Bohême, et coule à travers un pays agréable et fertile. — Le *Dniestr* et la *Vistule*, dans le N. E., arrosent les plaines de la Galicie. — Dans le S. O., l'*Adige* traverse le Tyrol et se dirige vers l'Adriatique.

Le lac *Balaton* ou *Platten-see* s'étend dans la partie occidentale de la Hongrie; le lac de *Garde* touche l'extrémité sud du Tyrol, et le lac de *Constance*, formé par le *Rhin*, en baigne l'extrémité O.

Vienne (en allemand *Wien*), capitale de l'empire et en particulier de l'archiduché d'Autriche, est située au milieu d'une plaine fertile, sur le Danube, dans la Basse-Autriche (partie orientale de l'archiduché, ou pays au-dessous de l'Enns); elle est peuplée de 1 100 000 âmes, en y comprenant les communes annexées.

Dans le voisinage, on remarque le village de *Wagram*, célèbre par une victoire des Français en 1809.

Lintz, aussi sur le Danube, est la capitale de la Haute-Autriche ou pays au-dessus de l'Enns.

Salzbourg est la capitale du duché de même nom, au milieu d'un pays montagneux, riche en mines de fer et de sel.

Gratz, capitale de la Styrie, sur la Mur, a aussi des mines de fer dans son voisinage.

Klagenfurt est la capitale de la Carinthie; — *Laybach*, de la Carniole. — *Insbruck*, sur l'Inn, est la capitale du Tyrol, un des pays les plus montagneux et les plus pittoresques de l'Europe. — *Trente*, célèbre par un concile au seizième siècle, se trouve dans la portion du Tyrol qui s'incline vers l'Italie.

Trieste, peuplée de plus de 145 000 habitants, avec ses faubourgs, est la ville principale du littoral illyrien, où l'on rencontre aussi la presqu'île d'*Istrie*.

Prague, ville de 160 000 âmes, sur la Moldau, est la capitale du beau royaume de Bohême, enfermé par quatre chaînes de montagnes. — Dans le même pays, sont *Reichenberg*, connue par ses draps; *Pilsen*, par sa bière; — *Carlsbad*, *Teplitz*, par leurs eaux minérales; — *Sadova*, par une victoire mémorable des Prussiens sur les Autrichiens, en 1866. Cette bataille porte aussi le nom de *Kœniggrætz*, ville près de laquelle elle a été livrée.

Brünn est la capitale de la Moravie. — Près de là on trouve la petite ville d'*Austerlitz*, célèbre par une victoire des Français en 1805. — On peut citer, dans le même pays, *Olmütz*.

Parmi les villes de la Hongrie, on remarque: au milieu, **Buda-Pest** (360 000 h.), capitale de ce royaume et composée de deux villes: *Pest*, sur la rive gauche du Danube; *Buda* ou *Ofen*, sur la rive droite. — A l'O., *Presbourg*, ancienne capitale de la Hongrie, sur le Danube; — *Komorn*, place très forte, sur le même fleuve. — Au N., *Schemnitz*, fameuse par ses mines d'or, d'argent et de plomb; — *Tokay*, célèbre par ses vins. — A l'E., *Debreczin* et *Gr.-Varadin*. — Au S., *Szegedin*, *Theresienstadt* ou *Theresiopel*, et *Temesvar*.

Dans la Transylvanie, pays montagneux, on remarque *Klausenbourg*, capitale, *Cronstadt* et *Hermanstadt*.

Agram est la capitale du royaume de Croatie-Esclavonie.

Fiume, port à l'extrémité N. E. de l'Adriatique, est au S. O. de la Croatie.

Dans la Dalmatie, qui s'étend le long de la côte orientale de l'Adriatique, avec des îles nombreuses, les villes principales sont: *Zara*, capitale; **Raguse**, port célèbre, et *Cattaro*, sur un beau golfe qu'on nomme *Bouches de Cattaro*.

La Galicie, pays d'origine tout à fait polonaise, a pour capitale **Lemberg**, et renferme, à l'O., *Wieliczka*, fameuse par ses mines de sel; — **Cracovie**, autrefois capitale de la Pologne, plus tard république, enfin réunie à l'Autriche en 1846.

Le pouvoir de l'empereur est tempéré par un Conseil de

l'empire (*Reichsrath*) et par la Diète de Hongrie. Il règne sur 38 millions d'habitants, qui sont, comme nous l'avons dit, de nations très diverses: il y a des *Allemands*, des *Slaves*, des *Hongrois* ou *Magyars*, des *Roumains* et des *Italiens*. — Deux grandes divisions politiques ont été établies pour l'administration de l'empire: à l'O., la division *Cisleithane* (en deçà de la Leitha), comprenant les *pays Autrichiens* et ayant pour centre Vienne; — à l'E., la division *Transleithane* (au delà de la Leitha), comprenant les *pays de la couronne de Hongrie*, et où se trouvent, avec la Hongrie, la Transylvanie, Fiume, le royaume de Croatie-Esclavonie et les anciens Confins militaires.

La religion catholique est la plus répandue.

18500 kil. de chemins de fer.

SUISSE

La SUISSE, qu'on appelle quelquefois *Helvétie*, d'après les Helvétiens, le plus important de ses anciens peuples, est à l'E. de la France, au S. de l'Allemagne, à l'O. de l'Autriche-Hongrie et au N. O. de l'Italie. Le Rhin et le lac de Constance la bordent au N. et au N. E.; les Alpes et le lac de Genève la limitent au S.; le Jura et le Doubs, à l'O. — Latitude moyenne : 47°.

Des montagnes escarpées hérissent presque partout cette contrée, célèbre par ses beautés naturelles. Les Alpes surtout offrent des sommets très élevés, aux neiges éternelles, et d'où descendent souvent avec fracas, dans les vallées d'alentour, de redoutables *avalanches*. Les principaux de ces sommets sont: le mont *Rose*, le plus élevé de tous (4636 m.); le mont *Cervin*, presque inaccessible; le *Finster-Aarhorn*; le pic de la *Vierge* (*Jungfrau*). — Le *Rigi*, qui appartient à un rameau des Alpes, s'élève au centre même de la Suisse. Les principaux passages sont: le *Grand-Saint-Bernard*, célèbre par son hospice; le *Simplon* traversé par une belle route que Napoléon Ier a fait construire; le *Saint-Gothard*, percé par un tunnel de chemin de fer

Les principaux sommets du Jura suisse sont la ***Dôle***, le mont *Tendre*, le *Chasseron*, le *Chasseral*.

La Suisse est entrecoupée d'un grand nombre de cours d'eau, qui forment de belles cascades et des lacs renommés par les agréments de leurs rives. Le *Rhin* parcourt le N. E. du pays et produit le grand lac de *Constance*. Le *Rhône* coule dans le S. O., et forme le beau lac *Léman* ou de *Genève*. L'*Aar* arrose l'O. et le N., et se perd dans le Rhin : cette rivière donne naissance aux lacs de *Brienz* et de *Thun*, et reçoit, à l'E., la *Reuss*, qui forme le lac de *Lucerne* ou des *Quatre-Cantons*, et la *Limmat*, qui traverse le lac de *Zürich*; — à l'O., elle reçoit les eaux des lacs de *Bienne*, de *Neuchâtel* et de *Morat*.

La Suisse est une république composée de 22 cantons confédérés. On en trouve 6 au N.: *Bâle*, *Soleure*, *Argovie*, *Zürich*, *Schaffhouse* et *Thurgovie*; — 5 au centre: *Lucerne*, *Zug*, *Unterwalden*, *Uri* et *Schwyz*, qui a donné son nom à la Suisse; — 4 à l'E. : *Saint-Gall*, *Appenzell*, *Glaris* et les *Grisons*; — 2 au S.: le *Tessin* et le *Vallais*[1]; — 5 à l'O. : *Berne*, *Fribourg*, *Neuchâtel*, *Vaud* et *Genève*.

Les principales villes sont :

Au N., **Bâle**, en allemand *Basel*, sur le Rhin ; — **Zürich** (57 000 h., avec ses faub.), dans une situation délicieuse, à l'endroit où la Limmat sort du lac de Zürich ; — *Schaffhouse*, près d'une magnifique cataracte du Rhin.

Au centre, **Lucerne**, à l'endroit où la Reuss sort du lac des Quatre-Cantons ; — *Loug*, près du mont *Morgarten*, où les Suisses remportèrent une célèbre victoire sur les Autrichiens en 1315 ; — *Altorf*, qui rappelle Guillaume Tell.

A l'E., *Saint-Gall*, — et *Coire*, chef-lieu des Grisons.

Au S., *Sion*, chef-lieu du Vallais.

A l'O., **Berne**, belle ville de 45000 habitants, capitale de la confédération, sur l'Aar ; — *Neuchâtel*; — *la Chaux-de-Fonds* (horlogerie) ; — *Fribourg* ; — *Gruyères*, connu par ses fromages ; — **Lausanne**, chef-lieu du canton de Vaud,

1. Orthographe préférable à *Valais*, qu'on emploie plus habituellement.

dans une charmante contrée, près du lac Léman ; — **Genève** (50000 habitants, et, avec ses faubourgs, 70000 hab.), la plus grande ville de Suisse, située à l'endroit où le Rhône sort de ce lac, et fameuse par son commerce, ses fabriques d'horlogerie, la culture des lettres et des sciences, les grands hommes qu'elle a produits.

Chaque canton de la Suisse forme une petite république particulière et indépendante ; il y a cependant quelques cantons qui sont partagés en deux ou trois États ; et, en réalité, il y a 25 républiques. Ce qui intéresse la confédération en général est réglé par l'Assemblée fédérale qui siège à Berne.

Les Suisses sont au nombre d'environ 2850000. Ils parlent allemand dans la plus grande partie du pays, français dans les cantons qui avoisinent la France, italien dans le voisinage de l'Italie. Le romansch, langue dérivée du latin, se parle dans une partie des Grisons. Le calvinisme est la religion la plus répandue. La religion catholique est professée par les cantons du centre et du sud.

Chemins de fer suisses : 2500 kil.

ITALIE

L'Italie est située au S. de la Suisse, au S. O. de l'Autriche-Hongrie et au S. E. de la France, dont elle est séparée par les Alpes. Elle se compose, en grande partie, d'une presqu'île longue et étroite, resserrée entre la mer Adriatique à l'E., la mer Tyrrhénienne à l'O. et la mer Ionienne au S., trois mers qui sont des divisions de la Méditerranée. — Lat. moy. : 42°.

La presqu'île Italique a grossièrement la forme d'une botte. Au S. E., entre le bout du pied, qui est formé de la *Calabre*, et le talon, qui est la presqu'île d'*Otrante* et dont l'extrémité est marquée par le cap de *Leuca*, se trouve le grand golfe de *Tarente*. Le promontoire du mont *Gargano*, qui s'avance dans la mer Adriatique, est comme un éperon de cette botte.

Au N. O., on voit le golfe de *Gênes*. Au N. E., les golfes de *Venise* et de *Trieste* sont formés par la mer Adriatique.

L'Italie est célèbre par la beauté de son climat, la fertilité de son sol, la variété de ses sites enchanteurs et le grand nombre de ruines intéressantes qu'elle présente partout. Elle a malheureusement quelques cantons très malsains, tels que les marais *Pontins*, sur la côte occidentale, et les lagunes de *Comacchio*, sur la côte orientale. Le *sirocco*, vent du midi suffocant et dangereux, règne assez souvent.

Les *Alpes*, qui bordent ce pays au N. O. et au N., y montrent des sommets couverts de neiges continuelles. On y distingue surtout le mont *Blanc* (4810 mètres) ; le mont *Cenis*, où Napoléon Ier établit une route célèbre ; le mont *Tabor*, près duquel un long tunnel donne passage à un chemin de fer ; le mont *Rose*, etc.

Les *Apennins*, qui se rattachent aux Alpes, parcourent l'Italie dans sa longueur.

Sur la côte occidentale est le *Vésuve*, volcan célèbre qui a englouti plusieurs villes sous ses laves et ses cendres.

Les Apennins et une portion des Alpes divisent l'Italie en deux grands versants : l'un exposé à l'E. et au S. E., vers la mer Adriatique et la mer Ionienne ; l'autre incliné à l'O., vers la mer Tyrrhénienne, la Méditerranée proprement dite et le golfe de Gênes. Sur le premier, on ne trouve que deux fleuves principaux, l'*Adige* et le *Pô*, grossi d'un grand nombre de rivières, telles que le *Tessin*, qui forme au pied des Alpes le charmant lac *Majeur ;* l'*Adda,* qui produit le lac de *Côme*, très beau aussi ; l'*Oglio*, qui donne naissance à celui d'*Iseo*, et le *Mincio*, qui sort du grand lac de *Garde.*

Sur le versant occidental, on remarque l'*Arno*, qui arrose une contrée agréable et fertile ; le *Tibre* (en italien *Tevere*), célèbre parce qu'il baigne les murs de Rome ; le *Vulturne* ou *Volturno*, qui parcourt les belles plaines de l'ancienne Campanie. — Entre l'Arno et le Tibre, on rencontre le lac de *Pérouse*, fameux autrefois sous le nom de *Trasimène.* — Au centre même de l'Italie, sur un plateau entouré de tous côtés par les Apennins, on voyait le lac ***Fucino*** ou de *Celano*, dont on a opéré le desséchement.

Au S., est la grande île de *Sicile*, séparée du continent par le détroit nommé *Phare de Messine*, où l'on trouve le gouffre de *Charybde* et le rocher de *Scylla*. Elle est terminée par trois caps remarquables : le cap *Faro*, au N. E. ; le cap *Passaro*, au S. E., et le cap *Boeo*, à l'O.

Le sol est généralement fertile et le climat favorable aux fruits les plus délicieux ; mais c'est un pays mal cultivé.

La Sicile renferme le mont *Etna*, volcan terrible, de 3300 mètres d'altitude, sur la côte orientale.

Près et au N. de cette île, sont celles d'*Éole* ou de *Lipari*, volcaniques aussi.

L'île de *Malte*, remarquable par sa nombreuse population et soumise à l'Angleterre, ainsi que deux petites îles voisines, se trouve au S. de la Sicile.

A l'O. de la mer Tyrrhénienne et au S. de la Corse, on voit l'île de *Sardaigne*, qui fait aussi partie de l'Italie. Elle est fertile, mais mal cultivée et peu peuplée. On pêche abondamment, sur ses côtes, des thons et des sardines.

Après avoir formé longtemps une dizaine d'États différents, l'Italie est devenue une monarchie unique, qui a pris le nom du *royaume d'Italie*, et dont les États sardes ont été le noyau. Il n'est resté, en dehors de ce royaume, que la république de *Saint-Marin* et l'île anglaise de *Malte*. Les États de l'Église, qui avaient conservé leur indépendance par l'aide de la France, ont été annexés en 1870.

Le ROYAUME D'ITALIE comprend 12 grandes divisions :

1° On remarque, au N. O., le **Piémont**, où s'étendent des plaines fertiles en grains et en pâturages. On y trouve : **Turin**, grande et belle ville de 230 000 habitants, qui a été d'abord la capitale de la monarchie, et qui est agréablement placée au confluent du Pô et de la Doire Ripuaire. — **Alexandrie**, place très forte, près de laquelle est le village de *Marengo*, illustré par une victoire des Français en 1800. — *Novare* (victoire des Autrichiens en 1849); *Verceil*, *Asti*, *Coni*, *Mondovi* (victoire des Français en 1796).

2° Le territoire de **Gênes**, ou la **Ligurie**, sur la Méditerranée, fournit d'excellents fruits et de très beaux marbres. La ville de **Gênes**, peuplée de 160 000 âmes, célèbre port de mer, a été autrefois une puissante république, et on l'a surnommée la *Superbe*, à cause de la magnificence de ses nombreux palais. Elle se glorifie d'être la patrie de Christophe Colomb. — *Savone* est sur la côte occidentale du golfe de Gênes.

3° La **Lombardie**, enlevée à l'Autriche en 1859, est composée généralement de vastes et fertiles plaines. **Milan**, belle ville de 320 000 âmes (avec ses faub.), est la capitale de ce pays. — On y remarque aussi **Pavie** (défaite de François Ier en 1523), *Crémone*, *Côme*, *Bergame*, *Brescia*, assez grandes villes ; — *Lodi*, *Magenta*, *Turbigo*, *Marignan* ou *Melegnano*, *Castiglione* et *Solferino*, célèbres par des victoires des Français ; — **Mantoue** et *Peschiera*, places fortes, sur le Mincio.

4° La **Vénétie**, qui formait, avec la Lombardie, sous le gouvernement autrichien, le *royaume Lombard-Vénitien*, a été cédée par l'Autriche en 1866. Elle s'étend du Pô aux Alpes, et depuis le Mincio et le lac de Garde, à l'O., jusqu'à la mer Adriatique, à l'E. Elle renferme : **Venise** (130 000 habitants), autrefois république fameuse, au milieu des lagunes auxquelles elle donne son nom ; — **Padoue** ; — *Vicence* ; — **Vérone**, *Legnago*, sur l'Adige, places fortes renommées ; — *Trévise* ; — *Udine* ; — *Rivoli*, célèbre par une victoire des Français en 1797 ; — *Campo-Formio*, par un traité de la même année ; — *Villafranca*, par un autre traité en 1859 ; — *Custozza*, par des batailles entre les Autrichiens et les Italiens en 1848 et 1866.

5° L'**Émilie** comprend les anciens duchés de *Parme* et de *Modène*, et la *Romagne*, qui s'est séparée des États de l'Église en 1860. Le sol est riche en vins, en céréales, en pâturages. Les villes principales sont : **Parme** ; — **Plaisance**, place très forte, au confluent de la Trebbia et du Pô ; — **Modène**, très belle ville ; — *Reggio*, patrie de l'Arioste ; — *Massa* ; — *Carrare*, renommée par ses marbres ; — **Bologne**, qui a une célèbre université ; — **Ferrare**, **Ravenne**, *Rimini*, *Forli*.

6° La **Toscane**, ancien grand-duché, a été réunie aux États sardes en 1860. C'est un pays bien cultivé et très industrieux : il est fertile et agréable au centre et à l'E. ; mais, à l'O., les *Maremmes*, qui bordent la mer, sont marécageuses et malsaines. Les monts Apennins couvrent la Toscane au N. et à l'E. Ce pays a pour villes principales : au N., **Florence** (167 000 hab.), qui a été la capitale du royaume pendant plusieurs années ; située dans une vallée délicieuse, sur l'Arno, et célèbre par la culture des arts, des sciences et des lettres, par le séjour de l'illustre famille des Médicis, et par la naissance de Dante, de Michel-Ange, d'Améric Vespuce et d'autres grands hommes ; — au S., *Sienne* ; — à l'O., **Pise**, autrefois puissante république, et **Livourne**, port de mer fameux ; — au N. O., **Lucques**, qui a été capitale d'un duché de même nom.

L'île d'**Elbe**, connue par ses mines de fer et par le séjour de Napoléon Ier, est à peu de distance de la côte de la Toscane.

7° L'**Ombrie**, couverte par les Apennins, a pour ville principale *Pérouse*.

8° Les **Marches** renferment *Urbin*, patrie du peintre Raphaël ; — **Ancône**, port fameux, sur la mer Adriatique ; — *Lorette*, célèbre par son sanctuaire de Notre-Dame.

9° Le territoire **Romain** comprend les ci-devant *États de l'Église*, qui étaient la possession temporelle du Pape, et qui se composaient, en dernier lieu, du *Patrimoine de Saint-Pierre* et de la *Campagne de Rome*. Ce territoire, situé entre les Apennins et la mer Tyrrhénienne, est assez fertile en céréales et en fruits. Il y a beaucoup de mines d'alun et de soufre, et de gras pâturages y nourrissent des bœufs très beaux. Cependant le sol n'est pas aussi cultivé et aussi productif qu'il devrait l'être.

Ce pays renferme une contrée célèbre dans l'antiquité sous le nom de *Latium*.

Là se trouve **Rome**, sur le Tibre, la capitale de l'Italie, et en même temps la métropole du culte catholique, car elle est résidence du Pape. Autrefois la plus puissante ville du monde, elle est remplie de monuments qui attestent son ancienne grandeur ; son plus bel édifice moderne est l'église de Saint-Pierre. Cette illustre cité, quoique très étendue, ne contient que 270000 hab. — On remarque encore : *Tivoli*, dans une position charmante, sur le Teverone ; — **Civita-Vecchia**, port de mer ; — *Viterbe*, près du lac de Bolsena.

10° Le territoire **Napolitain** (ancien *royaume de Naples*) occupe toute la partie méridionale de l'Italie. C'est un pays fort beau, mais sujet aux tremblements de terre et à l'influence funeste du *sirocco*.. La soie, le coton, le vin, la manne, la réglisse, des fruits délicieux, en sont les principales productions.

Il renferme :

Au N., les *Abruzzes* et la prov. de *Molise* ou *Sannio*, qui remplacent une partie de l'ancien *Samnium*.

A l'O., la *Terre de Labour*, qui répond à l'ancienne et riche *Campanie*, et où l'on remarque *Caserte*, *Capoue*, le port et la place très forte de **Gaëte** ; — la province de **Naples**, dont le chef-lieu est la grande et belle ville de même nom, peuplée de 450000 âmes, dans une magnifique position, sur le golfe de Naples, à peu de distance du Vésuve, qui a englouti sous ses cendres et ses laves, en l'an 79, les villes d'*Herculanum* et de *Pompéi* ; — les *Principautés*, où l'on voit *Salerne*, sur le golfe de même nom, et *Avellino*, dans l'intérieur.

A l'E., la *Capitanate*, la *Terre de Bari* et la *Terre d'Otrante*, comprises autrefois ensemble sous le nom de *Pouille*, et dont *Tarente* est une des villes les plus célèbres.

Au S., la *Basilicate* et la *Calabre*, dans laquelle est *Reggio*, sur le Phare de Messine.

11° La **Sicile** formait, avant 1860, avec le royaume de Naples, le royaume des *Deux-Siciles*. — **Palerme**, ville de 230000 habitants, sur la côte septentrionale, est la capitale de cette île. — **Messine**, au N. E., se trouve sur le détroit auquel elle donne son nom. — **Catane** est sur la côte orientale. — *Siracusa*, au S. E., n'occupe qu'un très petit espace de l'ancienne ville de *Syracuse*. — *Girgenti*, au S. O., est une ville bien déchue, bâtie sur les ruines de l'ancienne *Agrigente*. — A l'O., on remarque *Trapani*.

Rome. — Église Saint-Pierre

12° **L'Ile de Sardaigne** a pour chef-lieu **Cagliari**, sur la côte méridionale; — autre ville, *Sassari*, au N.

La petite RÉPUBLIQUE DE SAINT-MARIN, enclavée dans les Marches, a une capitale de même nom.

Les ÎLES DE MALTE, composées de *Malte proprement dite*, de *Comino* et de *Gozzo*, appartiennent à l'Angleterre. Leur capitale est *la Valette*, une des places les plus fortes de l'Europe.

Les Italiens professent la religion catholique, et sont au nombre de 28 millions, répandus sur un territoire de 296000 kil. carrés (un peu plus de la moitié de la France). C'est un des pays les plus peuplés de l'Europe.

Le royaume d'Italie est une monarchie constitutionnelle : le pouvoir du roi est limité par le Sénat et la Chambre des Députés.

Chemins de fer italiens : 10000 kilomètres.

ESPAGNE

L'ESPAGNE forme avec le Portugal la péninsule *Hispanique*, située à l'extrémité S. O. de l'Europe, et qui, bornée au N. E. par la France, est entourée des autres côtés par la Méditerranée et l'océan Atlantique. Le détroit de *Gibraltar*, qui unit ces deux mers, sépare la pointe méridionale de la péninsule de la pointe N. O. de l'Afrique : il s'appelait anciennement *détroit d'Hercule*, et c'est là que se trouvaient les fameuses *Colonnes d'Hercule*. — Le cap *Finisterre* forme l'extrémité N. O. de cette presqu'île ; le cap *da Roca* en est le point le plus occidental, le cap *Saint-Vincent* l'extrémité S. O., la pointe de *Tarifa* le point le plus méridional; le cap de *Creus* la termine au N. E. — Latitude moyenne : 42°.

L'Espagne a une température très chaude à l'E. et au S., douce et agréable à l'O. Elle offre au milieu un plateau très élevé où l'on éprouve quelquefois des froids assez vifs.

Il y a beaucoup de montagnes : les *Pyrénées* séparent l'Espagne de la France; les monts *Cantabres*, qui s'étendent dans le N. O., tirent leur nom d'un ancien peuple très belliqueux; les monts dits *Ibériques* s'avancent du N. au S., dans l'intérieur du pays, où s'étendent aussi les vastes plateaux de la *Castille;* au S., s'élève la *Sierra Nevada;* dans le S. O., la *Sierra Morena.*

Les monts dits Ibériques, la Sierra Nevada et des montagnes qui la continuent, partagent l'Espagne en deux grands versants : 1° celui de l'E., exposé vers la Méditerranée, et arrosé par deux fleuves principaux : l'*Èbre* et le *Jucar;* — 2° celui de l'O., incliné vers l'Atlantique, et arrosé par le *Mino* ou *Minho*, le *Duero* ou *Douro*, le *Tage*, le *Guadiana* et le *Guadalquivir.*

L'Espagne continentale est divisée en 47 provinces, qui portent généralement le nom de chef-lieu. Ces provinces sont réparties en 13 capitaineries générales, portant les noms des anciennes grandes provinces qui ont formé autrefois autant de royaumes distincts.

Voici ces anciennes grandes provinces :

Au N. O., on remarque : 1° La GALICE, habitée par un peuple robuste, laborieux, plein de courage et de probité. Les villes principales y sont : *Santiago* ou *Saint-Jacques de Compostelle*, célèbre par sa double cathédrale et par un pèlerinage: *la Corogne* et *le Ferrol*, ports de mer importants. — 2° Les ASTURIES, pays montagneux, dont la capitale est *Oviédo.* — 3° Le ROYAUME DE LÉON, dont les villes principales sont *Léon*, intéressante par sa belle cathédrale; *Salamanque*, par son université.

Au N., se trouvent : 1° La VIEILLE-CASTILLE, riche en blé et en pâturages qui nourrissent des mérinos superbes. Les villes les plus considérables y sont : *Burgos*, patrie du Cid; *Ségovie*, dont les draps sont renommés, et *Valladolid.* — 2° Les trois PROVINCES BASQUES (c'est-à-dire la *Biscaye*, le *Guipuzcoa* et l'*Alava*) riches en mines de fer, et habitées par des hommes vigoureux, fiers et industrieux. Les principales villes sont *Bilbao*, *Saint-Sébastien*, port de mer, et *Vitoria.* — 3° La NAVARRE, hérissée de montagnes et dont la capitale est *Pampelune*, place forte.

Au N. E., on distingue : 1° L'ARAGON, dont Saragosse,

grande ville, sur l'Èbre, est la capitale ; 2° la CATALOGNE, qui possède la population la plus active de l'Espagne, et qui a pour capitale **Barcelone**, célèbre place forte et maritime, sur la Méditerranée, avec 250 000 âmes. On y remarque aussi *Lerida ; Girone*; *Tarragone*, sur la mer; *Reus*, qui a de nombreuses manufactures ; *Tortose*, sur l'Èbre.

Au centre est la NOUVELLE-CASTILLE, qui forme un haut plateau, généralement d'un aspect un peu triste, et où sont élevés de nombreux mérinos. Les habitants parlent l'espagnol le plus pur. On y rencontre : **Madrid**, capitale de l'Espagne, belle et grande ville, située sur le Manzanarès, et peuplée de 500 000 âmes ; — **Tolède**, intéressante par son ancienne importance sur le Tage ; — *Ciudad-Real*, vers le S., dans le pays de la *Manche ;* — *Aranjuez*, le *Pardo*, l'*Escurial*, avec de célèbres châteaux royaux.

A l'E., se trouve le ROYAUME DE VALENCE, qui offre des campagnes riantes et fertiles, mais exposées au vent brûlant nommé *solano*. Les principales villes sont : **Valence**, surnommée *la Belle*, remarquable par sa délicieuse position et ses manufactures de soieries ; — *Alicante*, située sur la Méditerranée et célèbre par ses vins ; — *Orihuela*, surnommée le *Jardin de l'Espagne*.

Au S., on voit : 1° Le ROYAUME DE MURCIE, qui jouit d'un ciel presque toujours serein, et dont les villes principales sont *Murcie*, dans l'intérieur du pays, et **Carthagène**, port de mer important sur la Méditerranée ; — 2° l'ANDALOUSIE, qui abonde en fruits précieux, tels qu'oranges, citrons, limons, olives, grenades, raisins. Les lieux les plus célèbres y sont : **Séville** (130000 habitants). belle ville, sur le Guadalquivir ; — **Cadix**, place forte et port de mer, à l'extrémité N. O. de l'île de *Léon*, située dans l'océan Atlantique ; — **Cordoue**, sur le Guadalquivir, grande et florissante lorsque les Maures possédaient le sud de l'Espagne ; — *Jerez*, connue par ses vins ; — **Grenade**, située dans une délicieuse vallée, et ornée de magnifiques monuments élevés par les Maures ; — **Malaga**, renommée par ses vins ; — **Gibraltar**, forteresse fameuse, possédée par les Anglais, et située sur une petite presqu'île qui s'avance dans le détroit de Gibraltar.

Tolède. — Vue générale.

A l'O., est l'Estrémadure, très fertile en blé et surnommée le grenier de l'Espagne : *Badajoz*, sur le Guadiana, en est la capitale. On y remarque *Merida* (l'ancienne *Emerita Augusta*), avec de magnifiques ruines romaines.

A l'E. de l'Espagne, dans la Méditerranée, sont les îles Baléares, fertiles en bons fruits, et au nombre de trois principales : *Majorque, Minorque* et *Ivice*. *Palma*, dans l'île Majorque, est le chef-lieu de la province que forme cet archipel. *Mahon* ou *Port-Mahon* est la ville principale de Minorque.

Les îles Canaries, dans l'Atlantique, près de l'Afrique, composent une autre province espagnole.

Ces deux provinces portent le nom d'*Iles adjacentes*

L'Espagne renferme 16 800 000 habitants. La religion catholique y domine. Le gouvernement, après avoir été une république, en 1873 et 1874, est redevenu monarchique ; les assemblées qui représentent le pays s'appellent *Cortès*.

Les possessions espagnoles hors de l'Europe se composent des îles *Canaries*, de l'île *Fernando-Po* et de celle d'*Annobon*, en Afrique ; — de *Ceuta*, et de quelques autres places fortes sur la côte du Maroc, aussi en Afrique ; — de *Cuba* et de *Puerto-Rico*, dans les Antilles, en Amérique ; — des îles *Philippines* et *Mariannes*, dans l'Océanie.

Entre l'Espagne et la France, au milieu des Pyrénées, est la petite république d'**Andorre**, placée sous la protection de la France et de l'Espagne. La capitale est *Andorre*.

Chemins de fer espagnols : 6300 kil.

PORTUGAL

Le Portugal est un petit royaume situé à l'O. de l'Espagne. Il s'étend du N. au S., le long de l'océan Atlantique. — Latitude moyenne : 39°.

Le climat en est doux et salubre, et le sol fertile. Le pays est entrecoupé de vallées riantes, de coteaux agréables et de montagnes, dont les plus remarquables forment la *Serra da Estrella*, vers le nord et le centre du royaume.

Le *Minho*, au N., sépare le Portugal de la Galice. Le *Douro* et le *Tage* le traversent au milieu, et le *Guadiana* l'arrose au S. E.

La capitale de ce royaume est **Lisbonne**, grande et très belle ville, avec un vaste port, à l'embouchure du Tage. Elle renferme 225000 âmes. C'est le chef-lieu de la province d'*Estrémadure*, où l'on remarque encore *Setuval*, port de mer.

Coimbre, au N. de Lisbonne, est la ville principale de la province de *Beira*, et possède une fameuse université.

Porto, ou **O Porto** (106 000 hab.), dans le N. du royaume, à l'embouchure du Douro, est la plus grande ville de la province d'*Entre-Douro et Minho*, et fait commerce de vins renommés. Elle s'appelait autrefois *Portus-Calle*, et c'est de ce nom que vient celui de *Portugal*. — *Braga* se trouve dans la même province.

Bragance, dans le N. E., est dans la province de *Traz-os-Montes*.

A l'extrémité méridionale du Portugal, est la province d'*Algarve*.

Le gouvernement est monarchique ; il y a deux chambres appelées *Cortès*. La religion est le catholicisme. Ce pays compte 4 500 000 habitants.

Le Portugal a eu d'immenses possessions, telles que le Brésil et une grande partie de l'Inde. Mais aujourd'hui ses domaines hors de l'Europe sont bien réduits. Les îles *Açores* et *Madère*, qui se rattachent à l'Afrique, ne sont pas considérées comme colonies, mais font partie intégrante de la métropole, sous le nom d'*Iles adjacentes*. Les colonies proprement dites se composent du *Mozambique*, de l'*Angola*, de la *Sénégambie portugaise*, des îles du *Cap-Vert*, de l'île du *Prince* et de celle de *Saint-Thomas*, en Afrique ; — de *Goa* et de quelques autres établissements, dans l'Hindoustan — de *Macao*, en Chine; — de quelques établissements à *Timor*, dans l'Océanie.

Chemins de fer portugais : 1200 kil.

GRÈCE

La GRÈCE ou HELLAS (ou Hellade), longtemps soumise à l'empire Turc, forme aujourd'hui un royaume indépendant renfermé entre l'Archipel à l'E., la mer Ionienne à l'O. et au S., et la Turquie au N. — Latitude moyenne : 38°.

La Grèce continentale se compose de deux parties : la *Grèce septentrionale* et la presqu'île de *Morée* (l'ancien *Péloponnèse*) : ces deux parties sont unies l'une à l'autre par l'isthme de *Corinthe*, resserré entre le golfe de *Lépante* (anciennement de *Corinthe*), à l'O., et celui d'*Athènes* ou *Égine* (l'ancien golfe *Saronique*), à l'E.

Peu de contrées ont des côtes aussi découpées : de toutes parts se présentent, en Grèce, des presqu'îles et des golfes. — A l'E., on voit la presqu'île d'*Attique*, le golfe d'*Athènes*, celui de *Nauplie* ou d'*Argolide*, la presqu'île d'*Argolide* ; — au S., les golfes de *Laconie* et de *Messénie*, la presqu'île de *Monembasie*, celle du *Magne* ou *Maïna*, avec le cap *Matapan* (l'ancien promontoire *Ténare*), qui est une des pointes les plus australes du continent européen ; la presqu'île de *Messénie* ; — à l'O., outre le golfe de *Lépante*, le golfe d'*Arcadia* ou de *Cyparisse*, le golfe de *Patras* et celui de l'*Arta*.

La chaîne *Hellénique* parcourt toute la Grèce septentrionale du N. au S. Ses principales parties sont le *Pinde*, le *Guiona*, le *Parnasse*, l'*Hélicon*, le *Cithéron* ; parmi ses branches, on remarque l'*Olympe*, sur la frontière N., l'*Ossa*, le *Pélion*, l'*Œta*, qui forme, avec le golfe de Lamia, le fameux défilé des *Thermopyles* ; l'*Hymette*, connu par son excellent miel ; dans la Morée s'élèvent le *Cyllène*, le *Lycée*, le *Taygète*.

On voit couler à l'E. de la chaîne Hellénique, la *Salamvria* (anc. *Pénée*), le *Céphise*, qui se rend dans le lac *Topolias* ou de *Livadie* (anciennement *Copaïs*). Le *Permesse*, ruisseau fameux dans l'antiquité, se jette dans le même lac. Le *Céphise* est un autre ruisseau célèbre parce qu'il passe à Athènes.

A l'O., on remarque l'*Arta*, qui se jette dans le golfe du même nom (ancien golfe l'*Ambracie*); l'*Aspropotamo* (l'anc.

Achéloüs); la *Rouphia* (*Alphée*), le plus grand cours d'eau de la Morée; au S., l'*Iri* (*Eurotas*), qui baignait les murs de Sparte.

La Grèce offre des aspects variés, des points de vue admirables. Le climat est doux et généralement salubre; cependant quelques parties des côtes maritimes et les rives du lac Topolias sont marécageuses et malsaines. L'agriculture est fort négligée, et cette contrée, quoique fertile, offre presque partout une population très pauvre. L'olivier abonde; il y a des vins et des raisins renommés, des cédrats, des limons, des oranges, du coton.

La Grèce a été augmentée, il y a quelques années, des îles *Ioniennes*, et, plus récemment (par les conférences de Berlin), d'une partie de la *Thessalie* et de l'*Épire*. Sans ces trois annexions, elle est divisée en dix *nomes* ou départements, qui sont : dans la Grèce septentrionale, ceux d'*Attique-et-Béotie*, de *Phtiotide-et-Phocide*, d'*Acarnanie-et-Étolie*; — dans la Morée, ceux d'*Argolide-et-Corinthie*, d'*Akhaïe-et-Élide*, d'*Arcadie*, de *Messénie*, de *Laconie*; — dans l'Archipel, ceux d'*Eubée* et des *Cyclades*.

Athènes (70 000 hab.), capitale de la Grèce, est située près du golfe auquel elle donne son nom. Parmi les vestiges de l'ancienne splendeur de cette illustre cité, on distingue l'Acropolis ou citadelle, et le Parthénon ou temple de Minerve. — La petite ville du *Pirée* lui sert de port.

On rencontre encore dans la Grèce septentrionale, *Livadie*, près du lac de ce nom; — *Lépante* (l'ancienne *Naupacte*), vers l'entrée du golfe du même nom; — *Missolonghi* ou *Mésolonghi*, fameuse par le siège qu'elle soutint contre les Turcs en 1826.

Près de la côte de l'Attique, on trouve, dans le golfe d'Athènes, l'île de *Colouri* (anciennement *Salamine*) et celle d'*Égine* ou *Enghia*.

Dans la Morée, on distingue : *Patras*, port commerçant, sur le golfe du même nom; — *Nauplie de Romanie*, place très forte et port très important, sur le golfe de Nauplie ou d'Argolide; — *Corinthe*, située près et au S. O. de l'isthme auquel elle donne son nom, vers le fond du golfe de Lépante;

— *Tripolitza* ou *Tripolis*, au centre de la presqu'île, vers l'emplacement de l'ancienne *Mantinée;* — *Arcadia* ou *Cyparisse*, sur le golfe du même nom; — *Navarin*, avec un vaste port, dans lequel les flottes française, anglaise et russe remportèrent une grande victoire sur la flotte turco-égyptienne, 1827; — *Sparta*, petite ville nouvelle, bâtie sur les ruines de l'ancienne *Sparte;* — *Mistra*, très près des mêmes ruines; — *Monembasie* ou *Nauplie de Malvoisie*, vers l'extrémité S. E. de la Morée.

La plus grande île de la Grèce est *Eubée*, *Egripos* ou *Négrepont*, avec la ville de *Négrepont* ou *Chalcis*, chef-lieu du département d'Eubée, sur le détroit d'*Euripe*, qui sépare cette île de l'Attique.

Les **Cyclades** (c'est-à-dire les îles *rangées en cercle*) sont fort nombreuses. On y remarque *Tino* (anciennement *Ténos*), la plus verdoyante de ces îles, et riche en bons vins; — *Sdili*, îlot montagneux et stérile, qui est l'antique *Délos;* — *Syra* (*Syros*), où se trouve l'importante ville maritime d'*Hermopolis* ou *Syra*, chef-lieu du département des Cyclades; — *Naxie* ou *Naxos*, la plus grande de ces îles; — *Paro* (*Paros*), riche en beaux marbres; — *Milo* (*Mélos*), célèbre par les belles antiquités qu'on y a découvertes; — *Santorin* (*Théra*), riche en bons vins, souvent bouleversée par des tremblements de terre, et à côté de laquelle se sont élevés récemment plusieurs îlots volcaniques.

Les îles **Ioniennes** ou les **Sept Iles**, répandues le long des côtes occidentales et méridionales de la Grèce, sont annexées à ce royaume depuis 1863. Elles formaient auparavant une petite république, sous la protection de l'Angleterre. Elles composent trois nomes.

On y compte environ 245 000 habitants, presque tous d'origine grecque.

Ces îles produisent des olives et du vin.

La plus septentrionale et la plus importante est **Corfou** (l'ancienne *Corcyre*), avec une ville de même nom. — On trouve, près et au S. E. de Corfou, l'île de *Paxo*, une des moins considérables de cet archipel.

Les autres sont : *Sainte Maure* (l'ancienne *Leucade*);

— *Théaki*, petite île stérile, mais célèbre autrefois sous le nom d'*Ithaque;* — *Céphalonie* (anciennement *Céphallénie*), la plus grande des îles Ioniennes, et généralement belle et fertile; — *Zante* (l'ancienne *Zacynthe*), très riche en vin et en huile; — et, vers l'extrémité de la Morée, *Cérigo* (l'ancienne *Cythère*), avec un sol pierreux et aride.

La Grèce, par suite du traité définitif signé en 1881 avec la Turquie, a fait entrer dans son domaine la partie méridionale de la Thessalie et d'une portion de l'Epire. Elle possède *Larisse*, dans la Thessalie.

La Grèce a environ 2 millions d'habitants.

Le gouvernement est une monarchie constitutionnelle.

La religion grecque est celle de la majorité de la nation. Cependant il y a des catholiques dans plusieurs îles.

La langue grecque moderne est belle, et se rapproche beaucoup du grec ancien.

TURQUIE D'EUROPE

La TURQUIE D'EUROPE forme, avec la Grèce et les principautés de Roumanie, de Serbie, de Bulgarie et de Monténégro, la péninsule des Balkans, qui est au S. de l'empire Austro-Hongrois et au S. O. de la Russie. — Latitude moyenne : 42 degrés. Cette péninsule est, avec l'Espagne, la partie la plus méridionale de l'Europe.

La Turquie a été fort amoindrie par les traités de 1878 et les conférences de 1880. Au N., elle s'arrête au Grand Balkan; auparavant elle allait jusqu'au Danube. Au S., du côté de la Grèce, elle s'étend jusqu'au bassin de la Salambria.

La partie septentrionale, ou la plus large, est baignée à l'O. par la mer *Adriatique*, à l'E. par la mer *Noire* (*Pont Euxin*), le canal de *Constantinople* (*Bosphore de Thrace*), la mer de *Marmara* (*Propontide*) et le détroit des *Dardanelles* (*Hellespont*). La partie méridionale, très rétrécie, est située entre la mer *Ionienne* à l'O., la Grèce au S., et l'*Archipel* (mer *Égée*) à l'E. Cette dernière mer forme au N. O. le golfe de *Salonique*.

A côté du détroit des Dardanelles, se trouve la presqu'île de *Gallipoli* (l'ancienne *Chersonèse de Thrace*).

Dans le N., sont les hautes montagnes des *Alpes orientales*, du *Grand Balkan* (l'ancien *Hæmus*,) du *Despoto-dagh* (ancien *Rhodope*), qui se dirigent de l'O. à l'E. et donnent naissance à de nombreux cours d'eau, entre autres à la *Maritza* (l'ancien *Hèbre*), tributaire de l'Archipel. — Au S., le sol est aussi couvert de montagnes, telles que le *Pinde*, qu'on remarque dans l'intérieur du pays, et, sur la côte de l'Archipel, le mont *Athos*, le mont *Olympe*.

Le climat des parties méridionales est doux, salubre et favorable à des productions précieuses, telles que le riz, le maïs, le sorgho, les oranges, les citrons, les grenades, les olives, les prunes, les melons; le vin, le coton, le tabac, les mûriers propres aux vers à soie; mais l'agriculture est fort arriérée.

Ce pays n'est qu'une partie de l'*empire Turc* ou *Ottoman*, qui s'étend aussi en Asie et en Afrique. Mais dans cet empire encore si vaste il se trouve plusieurs contrées qui lui sont peu soumises.

La Turquie d'Europe renferme : 1° la *Romélie* ou *Roumélie*, qui se divise en deux parties : la *Roumélie méridionale et occidentale*, immédiatement soumise à la Turquie, et la *Roumélie orientale*, formant une principauté vassale; 2° l'*Albanie*.

On peut y ajouter la *Bosnie*, qu'elle ne possède que nominalement, et l'île de *Candie*, qui ne se soumet qu'avec une grande difficulté.

La ROUMÉLIE, qui correspond à l'ancienne *Thrace* et à l'ancienne *Macédoine*, est le cœur de la Turquie, et s'étend entre le Balkan et l'Archipel. Elle renferme **Constantinople**, nommée en turc *Stamboul* (dans l'antiquité *Byzance*), capitale de l'empire Ottoman, et admirablement située à l'entrée méridionale du Bosphore de Thrace. Un bras du Bosphore, connu sous le nom de *Corne d'Or*, y forme un des ports les plus beaux et les plus sûrs du monde; il sépare Constantinople des grands faubourgs de *Péra* et de *Galata*.

Constantinople.

Parmi les principaux édifices, on remarque le sérail ou palais du sultan, entouré de hautes murailles percées de huit portes, dont une est célèbre sous le nom de *Sublime Porte*[1]; on distingue aussi la mosquée de Sainte-Sophie. Cette capitale a environ 600 000 habitants (avec ses faubourgs).

Les autres villes les plus intéressantes de la Roumélie sont :

1° Dans la ROUMÉLIE MÉRIDIONALE ET OCCIDENTALE : *Rodosto*, sur la mer de Marmara ; — *Gallipoli*, sur la presqu'île de même nom ; — **Salonique** (anciennement *Thessalonique*), ville très commerçante, au fond du golfe de même nom ; — **Andrinople**, qui a 100 000 habitants et qui occupe une situation riante sur la Maritza ; — **Sérès**, dans un pays très riche en tabac et en coton.

2° Dans la ROUMÉLIE ORIENTALE, province autonome : **Philippopoli**, cap. de cette principauté, sur la Maritza ; — *Slivno*, ville commerçante, près du Grand Balkan ; — *Bourgas*, port sur la mer Noire.

L'ALBANIE est une longue province qui s'étend du N. au S., entre la chaîne Hellénique, à l'E., et les mers Adriatique et Ionienne, à l'O. Elle correspond à une partie de l'ancienne *Illyrie*. Des montagnes la couvrent presque partout. Les villes principales sont *Scutari*, sur un lac de même nom ; et *Duratzo*, port célèbre autrefois sous le nom de *Dyrrachium*.

L'ÉPIRE, au sud de l'Albanie, a pour ville principale *Ianina*, sur un lac du même nom, Le sud de l'Épire appartient à la Grèce (traité définitif de 1881).

La THESSALIE — dont la Turquie ne possède plus qu'une petite partie — est une belle province qui renferme la pittoresque vallée de Tempé et qui a pour ville principale *Trikala*, laquelle appartient maintenant à la Grèce.

La BOSNIE, sur laquelle la Turquie n'a plus qu'un droit nominal, puisqu'elle est occupée par des troupes autrichiennes, en vertu du traité de Berlin, en 1878, est une province montagneuse, à l'angle N. O. de la Turquie d'Europe ; elle est composée de la *Bosnie propre*, de la *Croatie turque*,

1. Voilà pourquoi, pour désigner le gouvernement turc, on dit souvent la *Sublime Porte*, ou simplement la *Porte*.

de l'*Herzégovine* et de la *Rascie;* la capitale de la Bosnie est *Bosna-Séraï* ou *Séraïévo;* celle de l'Herzégovine, ***Mostar***.

Au S. de l'Archipel et au S. E. de la Morée, la Turquie possède l'île de CANDIE ou de CRITI (ancienne *Crète*), qui s'allonge de l'E. à l'O. et qui est le territoire le plus méridional de toute l'Europe (35e degré de latitude). C'est un pays fertile et beau, mais généralement pauvre aujourd'hui. Au centre s'élève le mont Ida.

La capitale est *Candie*, sur la côte septentrionale. On y remarque aussi le port commerçant de *la Canée*.

Gouvernement, religion, habitants de la Turquie. — Les Turcs, qu'on appelle aussi *Osmanlis* ou *Ottomans*, sont mahométans de la secte d'Omar; la règle de leur foi est le *Koran*. Le gouvernement est monarchique constitutionnel. L'empereur, qui a le titre de *Sultan*, a souvent été désigné par les Européens sous le nom de *Grand Seigneur* ou de *Grand Turc*. Il est en même temps souverain pontife.

Le *grand vizir* est le lieutenant du sultan en tout ce qui concerne le pouvoir temporel, et le *grand mufti*, ou grand prêtre, en tout ce qui a rapport au spirituel. Les *oulémas* sont les docteurs chargés de l'interprétation du Koran.

On donne le nom de *Divan* au conseil d'État, composé du grand mufti, du grand vizir et d'autres ministres ou personnages importants.

Les peuples, les cultes et les langues sont très variés dans la Turquie d'Europe. Sur 5 à 6 millions d'habitants, il n'y a que 2 millions de *Turcs*. Les autres nations principales sont: les *Slaves* (dont font partie des *Bulgares* et des *Bosniaques* restés sous la domination turque); — les *Albanais* ou *Arnautes;* — les *Grecs* ou *Hellènes*. — Il y a aussi un assez grand nombre de *Juifs*, d'*Arméniens* et de *Bohémiens* ou *Tsiganes* (ces derniers probablement venus de l'Inde, et sans demeure fixe).

On ne compte que 3 millions de musulmans; il y a 3 millions de chrétiens, presque tous de la religion grecque.

Chemins de fer de la Turquie d'Europe (y compris la Bosnie) : 1200 kil.

Possessions hors d'Europe. — Les possessions que la Turquie a hors de l'Europe se divisent en possessions immédiates de l'empire et en territoires qui n'en reconnaissent que la suzeraineté.

Les premières composent la TURQUIE D'ASIE, où se trouvent : 1° l'*Asie Mineure*, c'est-à-dire l'Anatolie, la Caramanie, etc. ; — 2° l'*Arménie turque;* — 3° le *Kurdistan* (l'anc. Assyrie); — 4° le *Djézireh* (Mésopotamie); — 5° l'*Irac-Arabi* (Babylonie); — 6° la *Syrie* (avec la Palestine).

Sont considérées, en Asie et en Afrique, comme comprises dans l'empire Ottoman sans lui être directement soumises : la principauté de *Samos ;* l'île de *Chypre*, occupée par les Anglais ; une partie de l'*Arabie ;* l'*Égypte ;* les régences de *Tripoli* et de *Tunis*.

ROUMANIE, SERBIE, BULGARIE, MONTÉNÉGRO

La principauté de **Roumanie**, longtemps tributaire de la Turquie, est formée des principautés de *Moldavie* et de *Valachie*, situées sur la rive gauche du Danube, et de la *Dobroudja*, située à droite.

La **Moldavie** est baignée au S. E. par le Danube, et séparée de la Russie à l'E. par le Prout. Sa capitale est **Iassi** (90000 h.). On remarque, sur le Danube, le port commerçant de **Galatz**.

La **Valachie** est couverte au N. par les Carpathes et bordée par le Danube à l'O., au S. et à l'E. Sa capitale est **Bucarest**, cap. de toute la Roumanie, avec 220000 h. — A l'E., sur le Danube, on distingue *Braïla*, port commerçant. — La **Dobroudja** occupe une presqu'île formée entre la mer Noire et un détour du Danube. Le delta de ce fleuve, qui s'y trouve annexé, renferme le port de *Soulina*, à l'embouchure de la branche du même nom.

La Roumanie a 5 376 000 habitants, de religion grecque. 1400 kil. de chemins de fer.

La **Serbie** ou **Servie**, pays slave, qui a été aussi tributaire de la Turquie, s'étend à droite du Danube et de la Save, et a pour capitale **Belgrade**, à la jonction de ces deux cours d'eau. Cette principauté renferme un million et demi d'habitants. Elle s'est augmentée récemment d'un territoire où se trouve *Nich*.

La **Bulgarie** est une principauté tributaire de la Turquie, constituée en 1878, et peuplée d'environ 2 millions d'habitants. Elle est entre le Grand Balkan et le Danube. **Sophia** en est la capitale. Autres villes : au milieu, *Tirnova;* à l'O., *Plevna*, célèbre par un siège soutenu contre les Russes en 1877-78, et prise enfin par eux; — à l'E., *Choumla;* — *Varna*, port sur la mer Noire; — au N., le long du Danube, *Vidin*, *Routschouk*, *Silistrie*.

224 kil. de ch. de fer.

La petite princip. très montagneuse de **Monténégro**, entre la Bosnie et l'Albanie, a pour capitale **Cettinjé**. Elle vient d'acquérir une partie de la côte de l'Adriatique, avec les ports d'*Antivari* et de *Dulcigno*.

RUSSIE

Cette contrée est la plus grande de l'Europe, dont elle occupe la partie orientale. Elle est baignée au N. par l'océan Glacial arctique, qui forme sur ses côtes un golfe profond appelé mer *Blanche*. — Elle est bornée au S. par les hautes montagnes du Caucase et par la mer *Noire*, dont un enfoncement remarquable prend le nom de mer d'*Azov*. — Au S. O., elle touche à la Roumanie; — à l'O., à l'Autriche et à la Prusse. La mer Baltique, qui la borne aussi de ce côté, forme deux grands avancements : le golfe de *Finlande* et le golfe de *Livonie* ou de *Riga*. — Au N. O., elle tient à la Suède et à la Norvège. — Au S. E., la mer Caspienne, et, à l'E., le fleuve Oural et les monts Ourals la séparent de l'Asie. — Latitude : entre 41° et 76° (la Nouvelle-Zemble comprise).

La Russie d'Europe offre presque partout de vastes plaines, qui sont, au N., froides et stériles, mais, dans l'intérieur, couvertes de grandes forêts, et fertiles en blé, lin, chanvre, etc., malheureusement quelquefois marécageuses ; au S., riches en pâturages ; au S. E., sablonneuses, désertes et imprégnées de sel. — Les seules montagnes remarquables qui rompent l'uniformité de ces plaines sont, au centre, les monts *Valdaï*, qui ne sont que des collines ou des plateaux ; au N. O., les *Alpes Scandinaves* ; au S. E., le *Caucase*, où se trouvent des sommets plus élevés que les Alpes ; à l'E., les monts *Ourals*, qui sont riches en mines d'or, de platine et de cuivre.

De grands fleuves parcourent la Russie d'Europe :

Au N., on voit la *Dvina septentrionale* et l'*Onéga*, qui vont se jeter dans la mer Blanche, et la *Petchora*, qui se perd directement dans l'océan Glacial. — Au centre et au S. E., coule le *Volga*, le plus long des fleuves d'Europe : il se grossit de la *Kama*, de l'*Oka*, etc., et se rend dans la mer Caspienne par une foule d'embouchures. — Au S., le *Don* se jette dans la mer d'Azov. — Le *Dniepr* et le *Dniestr* parcourent le S. O., et débouchent dans la mer Noire. — A l'O., on remarque la *Dvina méridionale* ou *Duna*, qui se rend dans le golfe de Riga ; le *Niémen* et la *Vistule*, autres tributaires de la mer Baltique.

C'est dans la Russie que sont les plus grands lacs de l'Europe. Le plus vaste de tous est le *Ladoga*, d'où sort, vers le S. O., un large cours d'eau nommé *Néva*, tributaire du golfe de Finlande. Le lac *Onéga* est au N. E. du Ladoga ; le lac *Saïma*, au N. O. ; le lac *Ilmen*, au S., et le lac *Peïpous*, au S. O.

La Russie d'Europe se divise en 60 gouvernements, sans compter le grand-duché de Finlande, la république militaire des Cosaques du Don et trois territoires caucasiens.

1° Au N., on remarque principalement le gouvernement

d'*Arkhangel*, dont dépendent les îles froides et stériles de la *Nouvelle-Zemble* (ou plutôt *Novaïa-Zemlia*) et celles de *Vaïgatch* et de *Kolgouev*.

2° Au N. O., on trouve : le grand-duché de **Finlande**, avec les îles d'*Aland*, la ville d'**Helsingfors**, capitale de ce grand-duché, et la ville d'*Abo* ; — le gouvernement de *Saint-Pétersbourg*, ou simplement *Pétersbourg*, avec la magnifique ville de **Saint-Pétersbourg**, capitale de l'empire Russe, située à l'embouchure de la Néva, et peuplée de 860000 habitants ; — le gouvernement d'*Esthonie* ou de *Revel* ; — le gouvernement de *Livonie* ou de *Riga*, dont le chef-lieu est la florissante ville de **Riga**, vers l'embouchure de la Dvina du sud ; — le gouvernement de *Novgorod*, avec la très ancienne ville de même nom, autrefois une des plus importantes de l'Europe.

3° A l'O., sont des gouvernements qui ont fait partie de la Pologne, tels que ceux de *Volhynie* et de *Podolie*, de *Vilna*, de *Vitebsk*, de *Kovno*, de *Minsk*, de *Grodno*, de *Varsovie*, de *Lublin*. Les sept derniers ont des villes de même nom, parmi lesquelles nous distinguons **Varsovie** (406000 hab.), située sur la Vistule, et qui a été la capitale du dernier royaume de Pologne ; **Lublin**, dans ce même royaume, et **Vilna**, capitale de l'ancienne Lithuanie.

4° Au centre, on remarque le gouv. de **Moscou**, avec la grande et magnifique ville de même nom, seconde capitale de l'empire, et peuplée de 750000 habitants ; occupée par les Français en 1812, et où commencèrent leurs désastres de Russie ; — le gouvernement de *Toula*, dont le chef-lieu, nommé aussi *Toula*, est célèbre par ses manufactures d'armes ; — les gouv. d'*Orel*, de *Koursk*, de *Kalouga* et d'*Iaroslav*, avec d'importants chefs-lieux de même nom ; — le gouv. de *Vladimir*, etc.

5° Au S., sont le gouvernement de *Kiev*, avec la ville de même nom, qui a été l'une des premières capitales de la Russie ; — le gouvernement de *Poltava*, qui fut le théâtre d'une grande bataille gagnée en 1709 par Pierre le Grand, empereur de Russie, sur Charles XII, roi de Suède ; — le gouvernement de *Kharkov* ou d'*Ukraine*, très fertile —

celui de *Voronej*, avec une ville considérable de même nom; — la *Bessarabie*, qui a pour ch.-l. **Kichénev**, et qui renferme aussi *Bender*, sur le Dniestr; *Ismaïl* et *Kilia*, sur le Danube, récemment reprise par les Russes à la Roumanie, à laquelle elles avaient été cédées en 1856; — le gouv. de *Kherson*, sur la mer Noire, où se trouve la ville du même nom et les ports fameux d'**Odessa** et de **Nikolaev**; — le gouv. d'*Iékatérinoslav*, dont dépend le port de *Taganrog*, sur la mer d'Azov; — le gouv. de *Tauride*, qui renferme la presqu'île de **Crimée**, montagneuse et agréable vers le S., mais basse et malsaine dans le N.; l'isthme de Pérékop l'unit au continent; sur la côte S. O., est **Sévastopol** (ou *Sébastopol*), célèbre par le siège de 1854-55.

6° A l'E., on distingue le gouvernement de *Kazan*, dont le chef-lieu, appelé aussi *Kazan*, a des fabriques renommées de cuir de Russie; — le gouvernement de **Nijnii-Novgorod** ou *Nijégorod*, avec la commerçante ville de même nom, fameuse par ses foires; — les gouvernements de *Simbirsk* et de *Saratov*; — le gouvernement de *Perm*, riche en mines de cuivre, de platine et d'or; — le gouvernement d'*Orenbourg*, avec une florissante ville de même nom.

7° Au S. E., on voit le pays des *Cosaques du Don*; — le gouvernement d'*Astrakhan*, où le Volga se jette dans la mer Caspienne, et dont le chef-lieu est **Astrakhan**, port florissant sur le Volga, célèbre par son commerce de fourrures; — la *Circassie* et le *Daghestan*, situés sur le versant septentrional du Caucase, et habités par un grand nombre de peuplades guerrières, qui ont longtemps résisté à la Russie, mais qui, aujourd'hui, sont toutes soumises.

L'empereur ou *tzar* de Russie a une autorité absolue. Il règne sur près de 100 millions de sujets, dont 90 millions dans la Russie d'Europe. — Une partie considérable des habitants de ce pays sont d'*origine slave*; on comprend dans cette famille les *Russes*, les *Polonais* et les *Ruthènes*. — On remarque ensuite: 1° les populations d'*origine finnoise*, au N. O. et dans les parties du centre qui avoisinent le N.; on y comprend les *Finnois proprement dits*, les *Permiens*, les *Ziriancs*, etc.; — 2° les *Lithuaniens* ou *Lettons*, à l'O. ; — 3° les *Roumains*, au S. O.; — 4° les *Allemands*, répandus dans les pays de la côte S. E. de la Baltique, et formant des colonies assez nombreuses dans la Russie méridionale ; — 5° les *Lapons* et les *Samoïèdes*, au N.; — 6° les *Bachkirs*, à l'E.; — 7° les *Cosaques*, au S.; — 8° les *Tatares de Crimée* (d'origine turque), aussi au S. ; — 9° les *Kalmouks* (d'origine mongole), au S. E. ; — 10° les peuples *caucasiens* (*Circassiens* et autres), dans le Caucase.

La religion dominante est la *religion grecque*, une des trois grandes branches du christianisme. Il y a beaucoup de catholiques en Pologne. Les Juifs y sont assez nombreux.

Chemins de fer russes : 25000 kil.

Les possessions de la Russie hors de l'Europe sont : 1° la *Sibérie*, le *Turkestan russe*, la *Mongolie russe*, la *Mandchourie russe*, dans le N. de l'Asie ; — 2° la *Transcaucasie*, dans l'O. de la même partie du monde, sur le versant méridional du Caucase, entre la mer Noire et la mer Caspienne.

RÉSUMÉ STATISTIQUE DES DIVISIONS DE L'EUROPE.

Environ 10 000 000 kilomètres carrés.

333 millions d'habitants.

	PAYS.	SUPERFICIE en kilom. carrés.	POPULATION absolue.	POPULATION relative.	CAPITALES.	POPULAT. des capitales
				nomb. d'ha. par kil. c.		
Sur le versant océanique.	ILES BRITANNIQUES. .	300 000	36 000 000	114		
	Angleterre	. . . . .	. . . . . .		Londres . .	4 000 000
	Ecosse	. . . . .	. . . . . .		Edimbourg.	230 000
	Irlande.	. . . . . .	. . . . . .		Dublin . . .	340 000
	BELGIQUE	29 500	5 600 000	190	Bruxelles. .	400 000 (avec les com. annex.)
	PAYS-BAS et LUXEMB.	36 000	4 400 000	122	Amsterdam.	350 000
	DANEMARK.	38 000	2 000 000	52	Copenhague	270 000
	MONARCH. SCAND. { SUÈDE . .	450 000	4 600 000	10	Stockholm..	185 000
	MONARCH. SCAND. { NORVÈGE.	320 000	1 900 000	6	Christiania.	75 000
Sur les deux versants.	RUSSIE. . . . . (Y compris le grand-duché de Finlande).	5 870 000	89 000 000	15	Saint-Pétersbourg.	860 000
	EMPIRE AUSTRO-HONGROIS.	623 000	38 000 000	61	Vienne. . .	1 100 000 (avec les annexes)
	EMPIRE D'ALLEMAGNE (Prusse, Bavière, etc.).	540 000	45 230 000	84	Berlin . . .	1 120 000
	SUISSE.	40 900	2 900 000	69	Berne . . .	44 000
	FRANCE	528 000	37 600 000	71	Paris. . . .	2 270 000
	PÉNINSULE HISPAN. { ESPAGNE.	500 000	16 800 000	34	Madrid. .	500 000
	PÉNINSULE HISPAN. { PORTUGAL	93 000	4 500 000	48	Lisbonne. .	225 000
Sur le versant méditerranéen.	ITALIE.	289 000	28 460 000	98	Rome. . . .	270 000
	TURQUIE D'EUROPE, avec la Bosnie et la Roumélie orientale	270 000	6 460 000	24	Constantin.	600 000
	ROUMANIE.	130 000	5 400 000	41	Bucarest . .	220 000
	SERBIE.	48 500	1 810 000	37	Belgrade . .	36 000
	BULGARIE	64 000	2 000 000	31	Sophia. . . .	20 000
	MONTÉNÉGRO	8 700	250 000	28	Cettinjé . .	2 000
	GRÈCE.	65 000	2 000 000	30	Athènes. . .	70 000

BASSIN DE LA MÉDITERRANÉE

La Méditerranée, que les Romains appelaient *mer Intérieure* (*Internum Mare*) et *Notre mer* (*Nostrum Mare*), fut le berceau de la civilisation ancienne ; sur ses bords se sont groupées les nations qui ont été les institutrices de l'Europe actuelle ; il est donc important de bien connaître les pays baignés par cette mer. Nous avons déjà décrit, dans le présent volume, la Grèce, l'Italie, l'Espagne et leurs îles ; nous avons fait connaître les côtes méditerranéennes de la France dans la Géographie de la classe précédente. Il nous reste à parler des contrées qui, en Asie et en Afrique, avoisinent ce bassin si heureusement situé au milieu de l'Ancien Monde.

ASIE SUR LA MÉDITERRANÉE.

Deux pays d'Asie touchent la Méditerranée : l'*Asie Mineure* et la *Syrie*, qui, avec l'Arménie, la Mésopotamie, l'Assyrie et la Babylonie, composent la Turquie d'Asie.

L'**Asie Mineure** est une belle presqu'île qui s'étend de l'O. à l'E., dans l'occident de l'Asie, à la situation moyenne du 39e degré de latitude N., entre la Méditerranée, l'Archipel (mer Égée), la mer de Marmara (Propontide) et la mer Noire (Pont-Euxin).

La côte occidentale en est découpée par de nombreux et beaux golfes. Le mont *Taurus* et l'*Anti-Taurus*, avec son haut sommet, le mont *Argée*, la couvrent au milieu ; le mont *Olympe* de Bithynie, le mont *Olympe* de Paphlagonie et le mont *Ida* s'y montrent au N. O. Le plus grand fleuve qui la parcourt est le *Kizil-Ermak* (*Halys*), tributaire de la mer Noire. Le *Sarabat* (*Hermus*) et le *Menderez* (*Méandre*) vont à l'O. se jeter dans l'Archipel. L'*Euphrate* coule sur la limite orientale.

Les ruines curieuses dont cette région est parsemée témoignent de son ancienne splendeur. Là fleurirent autrefois les villes de *Troie*, *Pergame* (qu'il ne faut pas confondre avec la citadelle de Pergame à Troie), *Éphèse*, *Sardes*, *Smyrne*, *Milet*, *Halicarnasse*, *Prusa*, *Nicée*, *Nicomédie*, *Sinope*, *Césarée de l'Argée*, *Tarse*, sur le Cydnus, etc., ainsi que les pays de *Mysie*, *Lydie*, *Carie* (où les Grecs avaient fondé les colonies de l'*Eolide*, de l'*Ionie* et de la *Doride*), et ceux de *Bithynie*, *Paphlagonie*, *Pont*, *Phrygie*, *Galatie*, *Cappadoce*, *Lycie*, *Pamphylie*, *Pisidie*, *Cilicie*.

Aujourd'hui, les pays principaux de l'Asie Mineure sont l'*Anatolie*, la *Caramanie*, le *Roum*, le gouvernement de *Trébizonde*. Quelques-unes des villes actuelles ont conservé leurs anciens noms : comme **Smyrne**, port très animé, avec 150000 h., sur l'Archipel, et *Sinope*, qui est toujours un des ports importants de la mer Noire. — *Trébizonde* est un autre port de la même mer. — **Brousse** répond à l'antique Prusa. — *Scutari*, en face de Constantinople, peut être considérée comme un faubourg de la capitale de la Turquie. — *Manissa* (anc. *Magnésie du Sipyle*), *Kutahieh*, *Afioun-Karahissar*, fameuse par son opium, et *Angora* (l'anc. *Ancyre*), célèbre par ses chats à long poil, par ses camelots de poil de chèvre et par la victoire de Tamerlan sur les Turcs en 1401, sont des villes de 60000 âmes, dans l'ouest de l'Asie Mineure.

Dans le centre, on voit *Konieh* (anc. *Iconium*), qui fut le berceau de l'empire Ottoman ; — à l'E., *Kaïsarieh* (anc. *Césarée de l'Argée*).

De nombreuses îles avoisinent l'Asie Mineure, et presque toutes ont une grande célébrité historique. La principale est **Chypre** (anc. *Cypre*), qui se trouve au S. de la presqu'île, dans la partie la plus orientale de la Méditerranée ; elle a pour plus haut sommet un autre mont Olympe : autrefois vantée pour sa fertilité et sa beauté, elle n'offre aujourd'hui qu'un aspect assez misérable. Le chef-lieu est *Nicosie* ou *Leucosie*, au N. On remarque aussi les ports de *Larnaca* et de *Famagouste*. Les Anglais occupent cette île en vertu d'un traité conclu en 1878, avec la Turquie.

Sur la côte occidentale de l'Asie Mineure, on remarque l'île de *Ténédos*, celle de *Mételin* (anc. *Lesbos*), celle de *Chio*, célèbre par son beau climat, ses vins, ses aspects riants ; *Sa-*

mos, qui forme une principauté tributaire de la Porte; enfin les **Sporades**, dont le nom signifie *dispersées* et parmi lesquelles se distinguent *Nicaria* (anc. *Icaria*), *Patmos*, *Cos*, **Rhodes**, île belle et fertile, retraite fameuse, au moyen âge, des chevaliers de Saint-Jean de Jérusalem, qui s'illustrèrent par leur résistance aux empereurs ottomans.

La **Syrie**, située sur la côte orientale de la Méditerranée, comprend non seulement la *Syrie* des anciens, mais aussi la *Phénicie* et la *Palestine*. Elle s'étend sous la forme d'un grand triangle entre la mer, l'Euphrate et les déserts de l'Arabie. Le mont *Liban* et l'*Anti-Liban* s'élèvent du N. au S. dans sa partie moyenne. Au S., on voit le mont *Carmel*, au bord de la Méditerranée, et le mont *Thabor*, dans l'intérieur. Le fleuve *Oronte* ou *Aasi* la parcourt au N.; le *Jourdain* l'arrose au S., en formant le beau lac de *Tabarieh* (anc. mer de *Tibériade* ou de *Galilée*), et se jette dans la mer *Morte* ou lac *Asphaltite*, qui s'allonge du nord au sud, au fond d'une remarquable dépression, où son niveau est abaissé de 400 mètres au-dessous des mers voisines. Ce lac extraordinaire a une eau beaucoup plus salée et plus pesante que celle de la Méditerranée; il ne nourrit aucun poisson et présente un aspect triste

Dans la **Syrie** des anciens, il y avait les grandes villes suivantes : **Antioche**, première capitale du royaume des Séleucides; — *Héliopolis* ou *Baalbek*, connue par un magnifique temple du Soleil; — **Damas**, siège de l'un des plus anciens royaumes; *Palmyre* ou *Tadmor*, située dans une fertile oasis, et qui fut aussi la capitale d'un royaume, le siège d'un grand commerce, et remarquable par ses beaux monuments.

La Phénicie, limitée à l'E. par le Liban, ne put pas s'étendre de ce côté, mais l'intelligence et l'activité des habitants de ce petit pays se portèrent sur la mer, et de nombreuses colonies phéniciennes se répandirent sur les côtes de la Méditerranée, en Europe et en Afrique. La côte phénicienne avait les ports de *Tyr*, de *Sidon*, de *Béryte*.

La **Palestine**, qu'on appelle aussi *Terre de Chanaan*, *Terre promise*, *Terre Sainte*, *Terre d'Israël* et *Judée*, fut d'abord partagée entre les 12 *tribus d'Israël*, puis en deux royaumes, ceux de *Juda* et d'*Israël*; enfin, sous les Romains, en 4 provinces : celles de *Judée* proprement dite, *Samarie*, *Galilée* et *Pérée* (avec la *Décapole* et la *Batanée*).

La Judée proprement dite comprenait les anciennes tribus de *Benjamin*, de *Juda*, de *Dan*, de *Siméon* et le pays des *Philistins*; — la Samarie, les tribus d'*Éphraïm* et de *Manassé occidentale*; — la Galilée, les tribus d'*Issakhar*, de *Zabulon*, d'*Azer* et de *Nephthali*; — la Pérée et les autres pays à l'E. du Jourdain renfermaient les tribus de *Ruben*, de *Gad* et de *Manassé orientale*.

Les villes principales étaient : dans la Judée propre, **Jérusalem**, si célèbre par ses souvenirs religieux; *Bethléhem*, lieu de naissance de Jésus-Christ; *Jéricho*; *Gaza*, capitale des Philistins; *Joppé*, port important; — dans la Samarie, *Samarie*, *Sichem* ou *Neapolis* et *Césarée de Palestine*, ville maritime; — dans la Galilée, *Tibériade*, *Nazareth*, et le port fameux d'*Aco* ou *Ptolémaïs*; — dans les régions à l'E. du Jourdain, *Gerasa*, *Rabbath-Ammon*.

La Syrie actuelle n'est plus productive et belle comme autrefois. Il y a néanmoins quelques plaines fertiles. La Syrie, au printemps, est couverte de verdure. Des villes jadis florissantes sont en ruines. Celle qui a le plus conservé son importance est **Damas**, située dans un canton délicieux et peuplée de 150 000 h. — *Alep* (ou plutôt *Haleb*), au N., a 100000 âmes. — **Jérusalem**, au S., en a 30 000. — *Naplous* (anc. Sichem ou Neapolis) est encore assez considérable.

Antakieh, l'ancienne Antioche, n'est plus qu'une ville médiocre; *Baalbek* (l'ancienne *Héliopolis*), *Tadmor* (*Palmyre*), n'offrent que des ruines. Il n'y a pas, à proprement parler, de ports. Les bateaux mouillent en rade. Les villes maritimes sont: **Tripoli**, **Beyrout** (l'ancienne *Bérite*); *Saïda* (l'ancienne *Sidon*); *Acre* ou *Saint-Jean d'Acre* (anc. *Ptolémaïs*); *Jaffa* (anc. *Joppé*). — *Sour*, qui remplace *Tyr*, n'est qu'un fort village.

AFRIQUE SUR LA MÉDITERRANÉE.

On passe de la Syrie en Afrique par l'*isthme de Suez*, coupé par un canal qui va de la mer Rouge à la Méditerranée, et qui est dû au génie et à la persévérance d'un Français, Ferdinand de Lesseps; ce canal fut ouvert au commerce en 1869; il permet à l'Europe occidentale de communiquer soit avec les côtes méridionales et orientales de l'Asie, soit avec les côtes orientales de l'Afrique et avec l'Océanie.

En franchissant ce canal, on entre dans l'**Égypte**, la contrée la plus anciennement civilisée de l'Afrique : la Méditerranée la baigne au N., la mer Rouge à l'E.; elle s'arrête au S. au tropique du Cancer. Le Nil la parcourt du S. au N. et s'y jette dans la Méditerranée, par beaucoup d'embouchures, dont deux principales, entre lesquelles se trouve le célèbre *Delta*. Gonflé par les pluies qui tombent dans la zone torride, mais non en Égypte, il déborde chaque année, au solstice de juin, et féconde le pays par son limon; il se retire en automne, et l'hiver est la plus belle saison de l'année : c'est le temps de la verdure et de la récolte. Le printemps est le moment des fortes chaleurs et des plus graves maladies.

Deux chaînes de hauteurs, les monts *Arabiques*, à l'E., e les monts *Libyques*, à l'O., accompagnent le cours de ce grand fleuve. Toute la vallée qu'elles renferment et tout le Delta sont très fertiles. Le reste de l'Égypte ne se compose que de déserts, excepté quelques oasis, dont les plus importantes sont la Grande Oasis et l'oasis de Syouah (anciennement d'Ammon), toutes deux à l'ouest.

Les anciens Égyptiens ont couvert leur pays de monuments gigantesques et de villes florissantes : des pyramides, des obélisques, des temples, des tombeaux, des statues colossales, des sphinx, etc., font l'admiration des voyageurs.

Il y avait dans la **Haute-Égypte**, c'est-à-dire celle du sud, les grandes villes de *Thèbes aux cent portes*, d'*Abydos*, de la *Grande Apollinopolis*, de *Syène*; — dans la **Moyenne-Égypte**, *Memphis*, la *Grande Hermopolis*, *Arsinoé* ou *Crocodilopolis*, près du lac Mœris; — dans la **Basse-**

Égypte, *Babylone* (qu'il ne faut pas confondre avec celle d'Asie et dont l'emplacement est près de la ville actuelle du Caire) ; — *Héliopolis;* — *Tanis*, sur une branche du Nil ; — *Héroopolis*, sur le canal de Ptolémée, qui joignait le Nil à la mer Rouge ; — *Péluse*, à l'embouchure la plus orientale de toutes les branches du Nil ; — *Canope* (aujourd'hui Aboukir), vers la bouche Canopique du fleuve ; — *Alexandrie*, ville maritime qui a conservé son nom.

L'Égypte actuelle est gouvernée par un vice-roi qui a le titre de *khédive* et qui, dépendant nominalement de l'empereur de Turquie, est de fait indépendant et étend sa domination sur une grande partie du nord-est de l'Afrique (la Nubie, le bassin du haut Nil Blanc, avec celui des lacs Albert et Victoria, une partie de l'Abyssinie); toutes ses possessions renferment environ quinze millions d'habitants.

La capitale est le **Caire**, en arabe *El Kahira*, dans la **Basse-Égypte**, sur la rive droite du Nil, ville de 370 000 habitants. — Les autres villes importantes de la Basse-Égypte sont *Tanta* (60 000 habitants), dans le Delta ; — *Mansoura* ou *la Massoure*, connue par la bataille de 1250, où saint Louis fut fait prisonnier. — **Suez** ou plutôt *Soueys*, au fond du golfe du même nom formé par la mer Rouge, et à l'extrémité sud du canal maritime qui coupe l'isthme ; — *Port-Saïd*, à l'extrémité N de ce canal, sur la Méditerranée ; — **Damiette** (30 000 habitants), vers l'embouchure de la principale branche orientale du Nil ; — **Rosette**, vers l'embouchure de la principale branche occidentale ; — **Alexandrie** (220 000 habitants), reine maritime de la Méditerranée orientale, qui a beaucoup souffert du bombardement que lui ont fait subir les Anglais en 1882. — Il faut remarquer aussi, dans la Basse-Égypte, la bourgade d'*Aboukir*, célèbre par deux batailles, l'une en 1798, où la flotte française fut détruite par les Anglais, l'autre en 1799, où les Français vainquirent les Turcs ; *Ghizeh*, près des pyramides.

Dans la **Moyenne-Égypte**, on remarque *Médinet-el-Fayoum*, dans un canton délicieux qu'on a surnommé le *Jardin de l'Égypte ;* — *Minieh*.

Dans la **Haute-Égypte**, *Syout*, *Denderah* (anc. *Tentyra*), fameuse par ses magnifiques ruines, surtout son grand temple; — *Karnak* et *Louqsor*, qui correspondent à une partie de Thèbes, et où l'on admire les plus curieux monuments; —*Assouan* (l'anc. *Syène*), sur la frontière méridionale de l'Égypte, près de la première cataracte du Nil.

L'Égypte a déjà 1500 k. de chem. de fer. Les principaux sont ceux qui unissent Alexandrie au Caire et le Caire à Suez.

A l'ouest de l'Égypte, s'étend, le long de la côte S. de la Méditerranée, la grande contrée qu'on nomme **Barbarie** ou mieux **Berbérie**, à cause des Berbères, qui en sont un des peuples principaux. Deux golfes considérables s'y enfoncent : le golfe de la *Sidre* (autrefois *Grande Syrte*) et le golfe de *Gabès* (autrefois *Petite Syrte*). Les caps les plus avancés au nord sont le cap *Bon* et le cap *Blanc de Bizerte;* à l'extrémité N. O., sont le promontoire de *Ceuta* et le cap *Spartel*, sur le détroit de *Gibraltar*, en face de l'Espagne. Le Sahara borde au S. la Barbarie, et une partie de ce désert est même comprise dans la région barbaresque.

La chaîne de l'*Atlas* couvre de l'O. à l'E. la partie occidentale. et envoie de nombreux rameaux, dont un des plus élevés est le *Jurjura*. Les fleuves les plus considérables qui en descendent et se jettent dans la Méditerranée sont la *Medjerda* (l'anc. *Bagradas*), le *Chélif*, la *Malouia;* le *Draha*, à l'O., se rend dans l'Atlantique. — L'*Ouad-Djeddi*, qui coule au S., se perd dans les sables du Sahara.

Une succession de lacs, dont le principal est le *Melghir*, s'étend de l'O. à l'E., au S. de l'Atlas, à l'O. du golfe de Gabès, dans une dépression assez profondément enfoncée au-dessous de la Méditerranée; on a conçu le projet de faire entrer les eaux de la mer dans cet espace et d'y produire une sorte de grand golfe.

La Barbarie est partagée en quatre grandes divisions, qui sont, en commençant par l'est : la *régence de Tripoli*, la *Tunisie*, l'*Algérie* et l'*empire de Maroc*.

La **régence de Tripoli** dépend nominalement de l'empereur de Turquie. Elle comprend un assez vaste espace, mais a peu d'habitants (800 000). Le désert de *Barcah* en forme la partie la plus orientale ; le royaume de *Fezzan*, situé au S. et entouré de déserts, en dépend. On voit à l'O. l'oasis de *Ghadamès*.

La capitale de la régence est **Tripoli** (25 000 habitants), port de mer, résidence du pacha qui gouverne ce pays en reconnaissant la suzeraineté de la Porte. La *Tripolitaine* et la *Libye extérieure*[1], qui comprenait elle-même la *Cyrénaïque* (avec la belle ville de *Cyrène*) et la *Marmarique*, sont les pays anciens qui correspondent à cette régence.

La **régence de Tunis** ou la **Tunisie** s'étend du N. au S., en face de l'Italie et de la Sicile. C'est une grande partie de l'ancienne *Afrique propre*, qui était le cœur de la puissance carthaginoise ; c'est là que s'élevait l'illustre *Carthage*, une des plus brillantes villes maritimes de l'antiquité ; des ruines curieuses attestent encore son antique splendeur. — *Utique*, *Zama*, fameuse aussi dans l'histoire ancienne, se trouvaient également dans ce pays.

Aujourd'hui on remarque la grande ville de **Tunis** (120 000 habitants), capitale de la régence, résidence du bey ; elle est sur un lac qui communique avec le golfe de Tunis (ancien golfe de Carthage) par le détroit de la Goulette.

La seconde ville est **Kaïroân** (60 000 habitants), considérée par les musulmans comme une ville sainte.

L'île de *Djerba* (anciennement île des *Lotophages*) dépend de la Tunisie.

Cet État, de 2 millions d'habitants, est sous la protection de la France.

L'**Algérie**, qui s'offre ensuite, est une possession française, dont la conquête fut commencée en 1830, sous Charles X, puis continuée sous Louis-Philippe et sous Napoléon III. Elle occupe une longue étendue de côte sur la Méditerranée, en face de la France, et s'étend de l'O. à l'E. l'espace de 900 kilomètres, par une latitude moyenne de 35° N. Elle a environ 800 kilomètres du N. au S. ; mais sa frontière au S., du côté de Sahara, n'a rien de fixe. Sa population

1. La *Libye intérieure*, beaucoup plus étendue, répond au Sahara, au Soudan et à d'autres parties de l'Afrique moyenne.

est de plus de 3 millions d'habitants, dont 234 000 Français.

La chaîne de l'*Atlas* la parcourt de l'O. à l'E. et y offre pour principaux massifs l'*Aourès* et l'*Amour*, d'environ 2000 mètres d'altitude; le *Jurjura*, qui en est un rameau, s'avance au N. vers la mer. La *Medjerda*, la *Seïbouse* et l'*Ouad-el-Kebir* (appelée d'abord *Rummel*), le *Chélif*, la *Macta*, la *Tafna*, sont les principaux cours d'eau que l'Algérie envoie à la Méditerranée. L'*Ouad-Djeddi* est le plus important de ceux qui vont se perdre dans le Sahara. Un assez grand nombre de lacs temporaires, désignés par le terme commun de *chott* et de *sebkha*, sont répandus à travers plusieurs parties du pays : au milieu, on remarque celui de *Hodna* ou *Saïda ;* au S., le *Melghir*, qui est dans une dépression abaissée de 25 à 30 mètres au-dessous de la Méditerranée.

L'Algérie offre trois aspects principaux, qui la font diviser en trois grandes régions : 1° au N., le **Tell**, région maritime, fertile et cultivée, surtout en céréales (blé, orge, maïs, riz) ; — 2° au milieu, les **plateaux** renfermés entre deux massifs de l'Atlas et riches en pâturages ; il s'y trouve aussi beaucoup d'alfa, espèce de sparte propre à faire des tissus et du papier ; — 3° au S., le **Sahara algérien**, désert sablonneux, parsemé d'oasis où abondent d'excellents fruits, surtout les dattes ; on y a fait un assez grand nombre de puits artésiens, qui ont augmenté considérablement les produits du pays. Les grenades, les oranges, les pêches, les abricots, les figues, les amandes, les olives, les raisins, la canne à sucre, le coton, la soie, le jujubier, de belles forêts composées de thuyas, d'ifs, de térébinthes, de lentisques, de cyprès, de sumacs, de chênes (chênes ordinaires, chênes-lièges, chênes au gland doux), etc., sont parmi les richesses de l'Algérie. On y a introduit récemment l'eucalyptus, bel arbre venu de l'Australie. On y élève une grande quantité de chameaux, de bœufs, de moutons et de chevaux.

L'Algérie forme un gouvernement général, divisé en 3 provinces, qui, pour les parties administrées civilement, forment autant de départements. On distingue donc un département d'*Alger*, au milieu, un département de *Constantine*, à l'E., et un département d'*Oran*, à l'O.

Dans le département d'**Alger**, on voit les villes suivantes. **Alger**, capitale du gouvernement général, belle ville maritime, de 70 000 hab.; — **Blidah**, dans une position délicieuse; — **Dellys**, port de mer sur la côte de la **Kabylie**, ainsi appelée des Kabyles, ses habitants, qui sont une des principales populations berbères ;— **Milianah**, *Orléansville*, dans l'intérieur.

Dans le département de **Constantine**, on remarque : **Constantine** (anc. *Cirta*), sur le Rummel, avec 40 000 hab.; — **Bone** (anc. *Hippone Royal*), avec un beau port, à l'embouchure de la Seïbouse ; — **Philippeville** et **Bougie**, autres ports de mer.

Dans le département d'**Oran** : **Oran** (60 000 hab.), importante place maritime; — **Mostaganem**, autre ville maritime ; — **Tlemcen** et **Sidi-bel-Abbès**, dans l'intérieur.

Il y a dans l'Algérie 700 k. de chem. de fer, dont les principaux sont ceux d'Alger à Oran et de Philippeville à Sétif, par Constantine.

L'Algérie correspond à l'ancienne *Numidie*, dont les villes principales étaient *Cirta* (Constantine) et *Hippone royal* ou *Hippo Regius* (Bone) ; elle correspond aussi à une grande partie de l'ancienne *Mauritanie orientale* ou *Césarienne*, qui renfermait *Césarée* ou *Iol* (Cherchell), *Icosium* (*Alger*), *Sitifis* (*Sétif*).

L'empire de **Maroc**, placé à l'extrémité N. O. de l'Afrique, en face de l'Espagne, baigné à la fois par la Méditerranée, le détroit de Gibraltar et l'Atlantique, et couvert par le mont Atlas, est un pays admirablement placé et d'une extrême fertilité, mais mal cultivé et pauvre. Aussi grand que la France, il ne renferme que 8 à 10 millions d'habitants. Il a deux capitales : **Maroc** (50 000 hab.), en partie ruinée, et **Fez** (100 000 hab.), la plus florissante ville de l'empire. — **Méquinez** est la résidence ordinaire de l'empereur ou sultan. — **Tanger**, **Mogador**, sont des ports sur l'Atlantique. — Dans l'intérieur, on distingue l'oasis populeuse de *Tafilelt*, dont les habitants excellent dans la préparation des maroquins.

Les Espagnols ont, sur la côte N. du Maroc, **Ceuta** (anc.

Abyla), port et ville forte, en face de Gibraltar; ils y ont de plus quelques autres places maritimes moins importantes.

Le Maroc correspond à la partie occidentale de l'ancienne *Mauritanie*, c'est-à-dire à la *Mauritanie Tingitane*, qui avait pour villes principales *Tingis* (*Tanger*) et *Abyla* (*Ceuta*).

Les habitants sont, comme ceux des autres parties de la Barbarie, presque tous de la religion musulmane.

Les Barbaresques appartiennent à deux souches principales : 1° les *Berbères*, les plus anciens habitants de cette contrée, généralement cultivateurs ou livrés à divers travaux d'industrie; 2° les *Arabes*, venus de l'Asie en conquérants depuis l'établissement du mahométisme, et dont les uns sont cultivateurs, les autres, en plus grand nombre, nomades ou Bédouins, c'est-à-dire pasteurs.

On nomme *Maures* un certain nombre des habitants des villes et des plaines cultivées, qui sont ou de simples Arabes ou un mélange d'Arabes, de Kabyles et de populations venues anciennement d'Europe.

FIN.

TABLE DES MATIÈRES

FIN DE LA TABLE DES MATIÈRES.

BOURLOTON. — Imprimeries réunies, A, rue Mignon, 2, Paris.

OUVRAGES DE MM. CORTAMBERT

I. — ENSEIGNEMENT GÉNÉRAL DES DEUX SEXES.

Cours de géographie, avec grav., 1 vol. in-12 (pour l'âge de 13 à 18 ans), cart.
Petit Cours de géographie, avec vignettes (de 9 à 13 ans)...............
Petit Atlas géographique du premier âge, avec texte, in-18 (de 7 à 9 ans)....
Petite Géographie illustrée du premier âge, in-18, cart. (de 7 à 12 ans)......
Petite Géographie illustrée de la France, in-18, cart. (de 7 à 12 ans)........
Géographie de la France, pour les aspirantes au certificat d'études. (Voyez au titre II la Géographie de la classe de quatrième et celle de la rhétorique.)
Mœurs et Caractères des peuples (*Europe et Afrique*), in-8, gravures........
Mœurs et Caractères des peuples (*Asie, Amérique et Océanie*), in-8, gravures..
Voyage pittoresque à travers le monde, in-8, orné de nombreuses illustrations.
Le Globe illustré, 1 vol. in-4, avec 16 cartes et 130 vignettes (de 10 à 15 ans)..
Les trois Règnes de la nature, in-12, avec nombreuses vignettes (de 12 à 18 ans).

II. — ENSEIGNEMENT SECONDAIRE DES LYCÉES ET DES COLLÈGES.

Notions préliminaires de géographie : Classe préparatoire, 1 vol. in-12.....
Géographie des cinq parties du monde : Classe de huitième, 1 vol..........
Géographie de la France : Classe de septième, 1 vol...................
Géographie de l'Europe : Classe de sixième, 1 vol....................
Géographie gén. de l'Asie, de l'Afrique, de l'Amérique et de l'Océanie : Cl. de cinq.
Géographie de la France : Classe de quatrième, 1 vol.................
Géographie de l'Europe : Classe de troisième, 1 vol...................
Description de l'Asie, de l'Afrique, de l'Amérique et de l'Océanie : Cl. de seconde.
Géographie de la France : Classe de rhétorique, 1 vol.................
Eléments de géographie générale : Classe de mathématiques préparatoires...
Géographie générale : Classe de mathématiques élémentaires, 1 vol.........
Atlas spéciaux correspondant à chaque volume de l'Enseignement secondaire.

III. — ENSEIGNEMENT SECONDAIRE SPÉCIAL.

Géographie physique, politique et économique de l'Afrique, de l'Asie, de l'Amérique et de l'Océanie (1re année), 1 vol.....................
Atlas correspondant (29 cartes)................................
Étude générale de l'Europe (2e année), 1 vol. in-16.....................
Atlas correspondant (20 cartes)................................
Géographie physique, politique, administrative et commerciale de la France et de ses possessions coloniales (3e année), 1 vol.....................
Atlas correspondant.......................................

IV. — ENSEIGNEMENT SECONDAIRE DES JEUNES FILLES.

Notions élémentaires de géographie générale (1re année), 1 vol..........
Atlas correspondant. 1 vol. (sous presse)........................
Géographie de l'Europe (2e année), 1 vol..........................
Atlas correspondant. 1 vol. (sous presse)........................
Géographie de la France et de ses possessions coloniales (3e année), 1 vol.....
Atlas correspondant. 1 vol. (sous presse)........................

V. — ENSEIGNEMENT PRIMAIRE DES DEUX SEXES.

Petit Atlas élémentaire de géographie moderne, 22 cartes coloriées, in-4, br...
Le même, avec la carte du département demandé..................
Le même, accompagné d'un texte explicatif.......................
Le même, avec texte explicatif et carte du département demandé.......
Petite Géographie à l'usage des écoles primaires, in-18, cart. avec gravures...
Petit Atlas géographique du premier âge, 9 cartes color. avec texte, gr. in-8, cart.
Petite Géographie générale, grand in-18, br......................

BOURLOTON. — Imprimeries réunies, A, rue Mignon, 2, Paris.

www.ingramcontent.com/pod-product-compliance
Ingram Content Group UK Ltd.
Pitfield, Milton Keynes, MK11 3LW, UK
UKHW022032170726
13837UKWH00002B/555

9 782329 330457